Inhaltsverzeichnis

Seite	4	Vorwort
Seite	8	Entstehung der Aquaristik
Seite	12	Aquascaping ist eine Kunstform
Seite	14	The Spirit of Nature
Seite	30	Hardscape im Naturaquarium
Seite	40	Der Goldene Schnitt
Seite	42	Scaper's World
Seite	44	Oliver Knott
Seite	50	Andreas Ruppert
Seite	56	Annika Reinke
Seite	62	Jan-Simon Knispel
Seite	68	Adrie Baumann
Seite	74	Volker Jochum
Seite	80	Jurijs Jutjajevs
Seite	84	Stefan Hummel
Seite	90	Aquarienpflanzen für die Gestaltung eines Naturaquariums
Seite	112	Fische und Wirbellose für das Naturaquarium
Seite	126	Step by Step
Seite	132	Pflege
Seite	136	Pflanzendüngung
Seite	142	Algen
Seite	145	Lebenselement Wasser

Vorwort

Durch einen tropischen Regenwald zu wandern ist immer wieder ein unvergessliches Erlebnis. Vor kurzem waren wir in Borneo auf der Suche nach neuen Pflanzen und Garnelen. Schnell vergisst man die Zivilisation und auch den zeitlichen Stress und Druck unserer modernen Welt. Wir haben wunderschöne Tropenbäche im Dschungeldickicht erforscht und versucht, all diese Eindrücke in Bildern festzuhalten. Dabei geht es aber nicht nur um die Pflanzen selbst – es ist die Gesamtkomposition einer Szenerie mit Bäumen, Felsen, einem Bachlauf, welche die Natur erschaffen hat. Aber auch die Geräusche der Vögel und Insekten steigern die Intensität der Eindrücke. Die Luft ist feucht, es riecht erdig. Man muss aber gar nicht in ferne Länder reisen, um in solch eine verzauberte Welt einzutauchen. Auch in Deutschland und Europa gibt es noch derartige Kleinode – man muss nur die Augen aufmachen und abseits von bekannten Wegen die Natur kennenlernen. Leider schreitet die Umweltzerstörung immer weiter voran, was wir schmerzlich auf vielen unserer Plantahunter-Touren erleben mussten. Dennoch wächst die Zahl der Menschen, die unsere empfindlichen Ökosysteme achten und schützen wollen. Denn gerade auch viele junge Menschen begeistern sich zunehmend für echte Naturerlebnisse, für die es einer intakten Umwelt bedarf. Dies spiegelt sich in gewisser Weise auch in der Aquaristik wider. Seit einigen Jahren ist zu spüren, wie die Beliebtheit von Naturaquarien und insbesondere Aquascapings stetig zunimmt, und die Anzahl derer, die sich damit beschäftigen, wächst und wächst. Tauchen Sie mit uns ein in die Welt der Miniaturlandschaften unter Wasser und die Beschäftigung eines „Unterwassergärtners". Hier ist die Pflege der Pflanzen im Aquarium kein notwendiges Übel, sondern ein kreatives Arbeiten mit natürlichen und lebendigen Materialien. Der Aquascaping-Guide soll Appetit auf dieses schöne und faszinierende Hobby machen. Wer einmal infiziert ist, entdeckt den Slogan „Dennerle – Natur erleben" – aus einer anderen und neuen Perspektive.

Viel Spaß beim Betrachten und Lesen
Ihr Stefan Hummel und Chris Lukhaup

Layout by Volker Jochum

Entstehung der Aquaristik

Die Geschichte der Aquaristik ist zwar ein sehr kleines, aber doch liebenswertes Kapitel der Kulturgeschichte. Die Zucht von Fischen gab es zwar schon bei den Griechen und Römern, sie diente damals aber ausschließlich der Nahrungsproduktion.

Wie so vieles kam auch der Impuls der Fischliebhaberei und -zucht aus dem Fernen Osten. Bereits vor 3000 Jahren gab es in China die ersten Bemühungen, aus Vertretern der behäbigen Karpfenfamilie kleinere und prächtig gefärbte Goldfische zu züchten. Als erster Europäer hatte Marco Polo im 13. Jahrhundert die Gelegenheit, die chinesischen Goldfische in reichverzierten Keramikgefäßen kennenzulernen. Aber erst im 17. Jahrhundert gelangten die ersten Fische durch schnellere Schiffe nach England. Bald fanden sich

Abb. 5. Viereckiges Gestellaquarium.

begeisterte Liebhaber für diesen attraktiven Fisch, der jetzt in Glasgefäßen gehältert wurde. Auch weitere Einsichten und Forschungen kamen von der britischen Insel. Die Erkenntnis über die Bedeutung von Pflanzen als Sauerstoffproduzenten für die Fische und des biologischen Gleichgewichts nahm langsam Gestalt an. Der Begriff Aquarium war geboren und schwappte jetzt auch nach Deutschland über.

1856 erschien ein berühmter Aufsatz - „Der See im Glase" – eine ausführliche und für die damalige Zeit sachkundige Anleitung zur Pflege eines Süßwasseraquariums. Aquarienvereine wurden gegründet, und es gab die ersten Ausstellungen und Wettbewerbe. In den sechziger und siebziger Jahren des 20. Jahrhunderts wurde das technische Zubehör immer weiter verbessert, und die tropische Unterwasserwelt gelangte so in die Wohnzimmer einer immer größeren Zahl von Liebhabern. Immer mehr Fische wurden durch Nachzuchten in größerem Maß angeboten, und die Vielfalt nahm stetig zu.

Neben den prächtigen Fischen entdeckte man nach und nach auch die Schönheit der Wasserpflanzen. Immer mehr neue Arten wurden für die Aquaristik entdeckt und gärtnerisch herangezogen. Auch Ludwig Dennerle zog es in den sechziger Jahren in tropische Länder, wo er nach Aquarienpflanzen suchte. In einem kleinen Gewächshaus im heimischen Garten wurden die ersten Zöglinge kultiviert und im eigenen Zoofachgeschäft verkauft. Schon immer war Ludwig Dennerle von der Wichtigkeit einer üppigen Pflanzenwelt im Aquarium überzeugt. Er hatte erkannt: Pflanzen sind das Fundament für

Klassischer Dschungelstil aus einem der frühen Dennerle-Kataloge Anfang der siebziger Jahre.

Typisches Pflanzenaquarium im Hollandstil.

ein funktionierendes Ökosystem in der Miniaturwelt Aquarium. Die ersten Pflanzpläne als Anleitung für den Aquarianer entstanden und wurden vermarktet. Der „Dennerle-Dschungelstil" war geboren, der dennoch bestimmten Gestaltungskriterien folgte. Im Vordergrund stand stets die biologisch intakte Unterwasserlandschaft, in der sich die Fische und andere Aquarienbewohner wohl fühlten. Neben der üppigen Dschungel-Stilrichtung entwickelte sich noch eine weitere Stilart – das Holland-Aquarium. Hier spielt die Pflanze die absolute Hauptrolle, nur wenige Fische werden in diesen Unterwassergärten gepflegt. Oft findet man sogar überhaupt keinen Fischbesatz. Wie in einem Blumenbeet sitzen die Pflanzen in größeren Gruppen nebeneinander. Dabei wird stets auf starke Kontraste bei den Blattformen, -farben und -größen gesetzt. Oft sieht man die Pflanzen in langgezogenen Gruppen, den sogenannten Pflanzstraßen. Diese Art der Gestaltung vermittelt eine deutlich stärkere Tiefenwirkung. Dekorationsmaterialien wie Steine und Wurzeln werden eher sparsam eingesetzt, um die Gesamtwirkung der Pflanzen nicht zu durchbrechen. Diese Blumenbeet–Architektur hat bis heute nichts von ihrem Reiz und ihrer Faszination eingebüßt. Anfang der neunziger Jahre waren die ersten Bilder von japanischen Naturaquarien in diversen Zeitschriften zu sehen. Hier liegt die Geburtsstunde des heutigen Aquascaping. Ausnahmslos waren diese neuen Unterwasserlandschaften von einer Person gestaltet und fotografiert worden: Takashi Amano. Etwas Vergleichbares hatte man bis dato in der Aquarienfotografie noch nie gesehen. Seine Unterwasserlandschaften sind Ausdruck der Betrachtungsweise von Schönheit und Kunst in Japan. Der Begriff Naturaquarium ist vielleicht sogar etwas irreführend, denkt man dabei doch an Naturstandorte wie den Amazonas oder einen Bachlauf in Thailand. Takashi Amanos Unterwassergärten erinnern aber vielmehr an bekannte Szenerien über Wasser wie Gebirgslandschaften oder japanische Gärten. Das Ziel im japanischen Kunstverständnis ist hierbei, die Schönheit der Natur deutlich herauszumodellieren und sogar zu übertreffen. Dabei wird sehr viel Wert auf Klarheit, Reinheit und Liebe zum Detail gelegt. Dies macht die Faszination der japanischen Unterwassergärten von Takashi Amano aus, und diese Einstellung hat den Weg für das heutige Aquascaping geebnet und diese Richtung nachhaltig beeinflusst.

Aquascaping
ist eine Kunstform

Aquascaping kann man als die modernste Form der Pflanzen-Aquaristik bezeichnen.

Seit Ludwig Dennerle sich auf die Pflanze als Basis eines stabilen Aquariums konzentriert hat, haben sich verschiedene Spielarten der pflanzenorientierten Aquaristik entwickelt. Die Dennerle-Philosophie beruht seit jeher auf der Natur-Aquaristik, die versucht, mit möglichst wenig Technik und starkem Pflanzenbesatz ein stabiles Ökosystem zu erschaffen - das, wie es in Dennerle-Broschüren in den siebziger Jahren hieß „System für funktionierende Aquarien". Nicht zu verwechseln ist der Begriff mit der sogenannten Biotop-Aquaristik, in der naturgetreue Lebensräume des Fischbesatzes nachgestellt werden sollen.

Layout by Volker Jochum

Was bedeutet nun der Begriff Aquascaping?

Die Natur ist die Inspiration ...
Der Name stammt von dem englischen Begriff „landscape" („Landschaft"). Die Stilformen beim Aquascaping sind in sich wiederum recht unterschiedlich, doch eines haben sie alle gemeinsam – ihre Vorbilder sind Naturlandschaften über Wasser.
Man kann sie jeden Tag bei einem Spaziergang beobachten und studieren: eine bewaldete Hügelkette oder ein Gebirge, ein dichtbewachsener Hohlweg, Schluchten oder eine eingeschnittene Flusslandschaft. Auch Details, wie z. B. eine mit Moosen bewachsene Felswand oder ein moosbewachsener Baumstumpf können als Vorbild dienen.

... und der Aquascaper ein Künstler...
All diese Impressionen saugt ein „Aquascaper" in sich auf, und im Kopf entstehen die ersten Layouts. Dabei ist es nicht immer wichtig detailgetreu zu arbeiten, sondern die Stimmung, die eine Naturlandschaft vermittelt, im Aquarium mit entsprechenden Pflanzen zu gestalten und zu pflegen. Der Begriff „Layout" bezeichnet die Umsetzung einer Gestaltungsidee in ein „Aquarienbild". Verschiedene Materialien unterstützen den Charakter einer entstehenden Unterwasserlandschaft. Hier findet das Konzept japanischer Ästhetik (Wabi-Sabi) eine kunstvolle Anwendung in der Naturaquaristik.

..., der unterschiedlichste Materialien nutzt ...
Mit dem Bodengrundaufbau mit Nährboden, Kies und Sand wird das Fundament für die Modellierung der Steine und Wurzeln gelegt. Dem Aufbau von Steinen und Wurzeln, auch als „Hardscape" bezeichnet, kommt beim Aquascaping eine bedeutende Rolle zu, worin auch der Hauptunterschied zur klassischen Naturaquaristik liegt. Es ist schon eine regelrechte Kunstform, geeignete Steine und Wurzeln richtig zu platzieren. Das Sortiment im Handel ist mittlerweile riesengroß und bietet für jede Aquariengröße tolle Gestaltungsmöglichkeiten. Natürlich kann man in der Natur auch etwas selber sammeln, auf die Verträglichkeit im Wasser muss man aber achten; Steine sollten das Wasser nicht aufhärten und Holzmaterial darf nicht faulen.

... um ein Kunstwerk zu erschaffen.
Das ausgesuchte Pflanzenmaterial orientiert sich am Layout wie z. B. einer Gebirgslandschaft mit saftig grünen Almwiesen. *Hemianthus callitrichoides* 'Cuba' ist eine ideale Pflanze um diesen Eindruck zu vermitteln. Je entfernter man vor solch einem bepflanzten Aquarium steht, desto näher kommt man der Vision dieser „Alpenlandschaft".

„Aquascaping" ist eine Kunstform, und der „Aquascaper" ist ein Künstler. Wie bei einem Maler entsteht nach Wochen oder Monaten ein Bild, hier ist aber der Unterschied die tägliche Veränderung. Das heißt, es ist auch ein wahres Kunsthandwerk, eine Landschaft bis zum Höhepunkt des perfekten Wachstums der Pflanzen zu pflegen. Prinzipiell unterliegt das Aquascaping keinen strengen Regeln. Im Gegenteil ist es eher so, dass es als Ziel anzusehen ist, eine ansprechende und teilweise sogar kunstvolle Gestaltung zu erreichen. Die Fantasie des „Scapers" zu beschränken wäre kontraproduktiv. Vor allem wenn man bedenkt, dass gerade sogenannte „Dream-Tanks" mit echtem Wow-Effekt aufwarten können.

The Spirit of Nature

PFÄLZER WALD

Die Mittelgebirgslandschaft Pfälzer Wald ist das größte zusammenhängende Waldgebiet in Deutschland und die Heimat von Dennerle.

Es passiert mir immer wieder: Bei den täglichen Spaziergängen mit unseren Hunden entdecke ich oftmals interessante Landschaftseindrücke. Ein bewaldete Hügelkette im Dunst der aufgehenden Morgensonne oder Details am Wegesrand - eine Felsenklippe mit Wurzeln, Farnen und Moosen. Auch ein tief eingeschnittener Hohlweg im Schatten regt dazu an, derartige Momentaufnahmen in einem Aquarium nachzubilden. Und hier beginnt eigentlich schon die Faszination beim Aquascaping. Natur beobachten und Natur erleben - das sind die Schlüsselreize für ein eindrucksvolles Aquarienlayout. Dabei bedeutet dies nicht, dass eine beobachtete Szenerie 1:1 nachgebaut werden muss, oft führen die Stimmung oder auch nur ein Detail zur Gestaltung einer neuen Landschaft unter Wasser. In einem derartigen Naturaquarium spiegelt sich eine Miniaturwelt wider, die oftmals sogar schöner und klarer wirkt als das Vorbild in der Natur. Ein sehr wichtiger Aspekt ist dabei immer das funktionierende Ökosystem mit Pflanzen und Tieren. Die Harmonie, die ein schönes Aquascaping-Aquarium ausstrahlt, erfüllt den Betrachter mit innerer Ruhe und Zufriedenheit. Auch wenn viele Menschen heutzutage den Kontakt zur Natur verloren haben – beim Betrachten eines Naturaquariums spürt man wieder die verlorengegangene Verbundenheit mit der Natur in unserer Welt. Auch auf unseren Plantahunter-Touren erleben Chris und ich immer wieder fantastische Natureindrücke über und unter Wasser. Einzigartige Unterwasserlandschaften sind aber im Gegensatz zu Überwasserlandschaften eher selten und daher besonders eindrucksvoll. Ein Tauchgang z.B. in den kristallklaren Flüssen von Bonito in Brasilien ist ein Erlebnis von unglaublicher Intensität und Schönheit. Unter Wasser sind wir Menschen aber nur „Gäste" - wir betrachten eine für uns fremde und andersartige Welt. Die traditionelle Aquariengestaltung mit Fischen bezieht sich auf diese Vorbilder unter Wasser, insbesondere die Biotop-Aquarien. Aquascaping-Aquarien lehnen sich jedoch auf Naturlandschaften über Wasser an. Deshalb berühren sie uns so stark. Wir betrachten eine Miniaturwelt unter Wasser, die aber unseren Lebensraum widerspiegelt.

„Die Pflanzenwelt des Rio Sucuri im Südwesten von Brasilien ist atemberaubend und mit Worten nur schwer zu beschreiben."

Stefan Hummel – Plantahunter

Brasilien

RIO SUCURI

Im kristallklaren Wasser entdeckt man auf wenigen Quadratmetern viele Gattungen und Arten bekannter Aquarienpflanzen. Mit einer Sondergenehmigung konnten wir das Quellgebiet des Rio Sucuri erkunden und fotografieren. Entstanden sind fantastische Aufnahmen von beeindruckenden Kompositionen vielfältiger Pflanzen wie Echinodorus, Myriophyllum, Bacopa, Hydrocotyle, Helanthium, Nymphaea und Pontederia. In diesen Gewässern zu schnorcheln ist ein unvergessliches Erlebnis, und wir sind dankbar für jede Stunde, die wir im Wasser verbringen durften.

Florida

ICHETUCKNEE SPRINGS

Auf der Suche nach weiteren Unterwasserparadiesen erkundeten Chris und ich im Winter 2012 die Karstquellen in Florida.

Im Nordwesten von Florida liegen die Ichetucknee Springs, die man zweifelsohne zu den schönsten Quelltöpfen im Sunshine State zählen kann. Bekannte Aquarienpflanzen wie Vallisnerien und Sagittarien bestimmen den Charakter vieler Bäche und Flüsse, die aus ihnen entspringen. Besonders beeindruckend sind die riesigen Halme der Süßgräserpflanze Zizania aquatica, die in der Strömung eine atemberaubende Stimmung erzeugen. Aber auch die rotblättrige Ludwigia repens sowie Myriophyllum heterophyllum in kontrastreichen Rottönen bereichern diese Unterwasserwelt in faszinierender Art und Weise.

Sulawesi

MATANOSEE

Der Matanosee auf der indonesischen Insel Sulawesi gehört mit einer Tiefe von fast 600 m zu den zehn tiefsten Seen unserer Erde.

Der See ist Heimat von einigen endemischen Fischen, Garnelen und Schnecken. Besonders farbenprächtig ist die Kardinalsgarnele Caridina dennerli, die zwischen Steinen und Felsen in der Uferzone vorkommt. Pandanus-Bäume bilden in diesen Felsbiotopen außergewöhnliche „Aquascaping Bilder" von skurriler Schönheit. Der Bodengrund ist mit kleinen, stacheligen Eriocaulon-Arten bewachsen. Da der Wasserpegel im Matanosee um mehrere Meter schwanken kann, wachsen diese Pflanzenpolster auch viele Monate außerhalb des Wassers.

Borneo

SARAWAK

Borneo liegt im indonesischen Archipel und ist die drittgrößte Insel der Welt. Die artenreiche Tier- und Pflanzenwelt zählt zu den ältesten Ökosystemen auf unserem Planeten. Es gibt sehr viele endemische Arten von Tieren und Pflanzen, die nur auf dieser Tropeninsel vorkommen. Eine für die Aquaristik neue Pflanze ist die Gattung Bucephalandra. Sie gehört zur Familie der Aronstabgewächse wie die bekannten Anubias und Cryptocorynen. So war es nicht verwunderlich, dass unsere „Jagd" auf diese wunderschöne Pflanze ausgerichtet war.

SriLanka

HORTON PLAINS

Sri Lanka ist ein Inselstaat im Indischen Ozean, dessen Pflanzenwelt durch üppige Fülle und Artenreichtum besticht. Im zentralen Hochland findet man die berühmten Teeanbaugebiete und bis zu 2500 m hohe Berge mit unzähligen wunderschönen Wasserfällen, weiter unten die Tieflandebenen, die schon vor Jahrhunderten durch künstliche Bewässerung fruchtbar gemacht wurden, die Küstenbereiche, wo die Fischerei immer noch zum Alltag gehört, und die weiten Palmenstrände, die jährlich tausende Touristen anlocken.

Deutschland

Naturlandschaften über Wasser sind die Quelle für die mannigfaltigen Ideen im Aquascaping.

Dabei muss man nicht in ferne Länder reisen, um inspirierende Eindrücke aufzunehmen. Auch in Deutschland, Österreich und der Schweiz gibt es eine Vielzahl von wunderschönen Biotopen in unterschiedlichen Ausprägungen. Sei es ein kleiner Bach im dichten Buchenwald mit Felsen und Wurzeln oder eine Gebirgskette mit Almwiesen oder eine beeindruckende Steilküste wie beispielsweise auf Rügen. Aber auch im Detail bieten sich viele Anregungen für ein Layout im Aquarium. Dabei ist das Erkunden von Pflanzengesellschaften ein wichtiger Aspekt für das spätere kreative „Gärtnern" unter Wasser.

RHEINLAND-PFALZ

Chile

Wer außergewöhnliche Natur mag, wird Chile lieben, ...

... wo sich die riesigen Gletscher langsam an den Hängen der majestätischen Anden herunterschieben, wo sich Wüsten ebenso wie Fjorde, endlose wilde Wälder, malerische Seen und Inseln finden. Ein Land, das endlos lang erscheint, wenn man vom äußersten Norden auf der Panamericana in Richtung Süden fährt, und das als Ideengeber für kreatives Scpaing optimal erscheint.

CHUNGARA
BOFEDALES

Hardscape im Naturaquarium

Die Verwendung von Steinen und Wurzeln hat beim Aquascaping einen besonders hohen Stellenwert. Diese Materialien werden zwar schon immer in der Aquaristik verwendet, spielen aber eher eine untergeordnete Rolle. Hier mal einige Kiesel am Bodengrund zur Auflockerung, da mal eine kleine Dekowurzel zwischen *Echinodorus* oder *Cryptocorynen*. Bei Aquarien mit Buntbarschen aus den ostafrikanischen Seen werden zwar deutlich mehr Steine verwendet, aber sie wirken oft eher wie aufgetürmte Kalksteinhaufen und haben meist wenig Ausstrahlung. Die bewusste Gestaltung mit Steinen und Wurzeln im Aquascaping ist dagegen eine Kunstform für sich. Sie gilt als Voraussetzung für eine faszinierende Landschaft unter Wasser. Natürlich kann man ein Layout auch nur mit Pflanzen gestalten, aber meist ist es die Kombination zwischen Hardscape (Steinen/Wurzeln) und Softscape (Pflanzen), die den Betrachter in Erstaunen und Begeisterung versetzt.

Natürliche Steine bieten uns eine unglaubliche Vielfalt, eine Gestaltungsidee im Aquarium umzusetzen. Dabei sollte man immer auf die Wasserverträglichkeit achten: Idealerweise sollte das Steinmaterial die Wasserwerte nicht verändern oder zumindest nur leicht beeinflussen. So können z. B. leicht kalkhaltige Steine ohne Bedenken verwendet werden, wenn man einer Wasseraufhärtung durch häufigere Wasserwechsel gegensteuert. Mittlerweile gibt es eine große Anzahl an verschiedenen Steinsorten in allen Farben und Formen im Handel. Bei der Wahl der Steine sollte man sich allerdings auf eine Sorte beschränken, um einen besonders natürlichen Effekt zu erzielen. Auch die Form der Steine kann je nach Gestaltungsidee besser oder schlechter geeignet sein – hier gilt es sorgfältig auszuwählen.

Steine

Bei der Auswahl des Steinmaterials sollte man auch auf die Farbe des Bodengrundes achten. Schwarzer Bodengrund und graues Steinmaterial harmonieren sehr gut, ebenso wie brauner Bodengrund und erdfarbenes Steinmaterial. Auch die Größe und Anzahl der Steine sind bei der Auswahl wichtig. Unterschiedlich große Steine wirken besonders natürlich und bieten vielfältige Möglichkeiten, ein Layout kreativ umzusetzen. So können – je nach Aquariengröße – aus einfachen Steinbrocken eindrucksvolle Gebirgslandschaften oder eine Felsenküste am Meer entstehen. Selbst aus einfach gerundeten Kieselsteinen kann ein bezaubernder Bachlauf oder ein Wasserfallszenario entstehen. Man muss die Natur nur richtig beobachten, um die Schönheit im Detail zu spüren. Sie ist die Inspirationsquelle für viele fantastische Aquascaping-Landschaften.

Leopardenstein
leicht kalkhaltig

Helle Pagode
leicht kalkhaltig

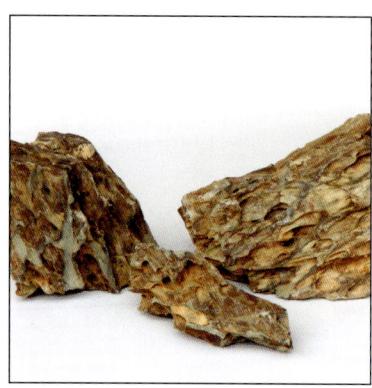

Drachenstein
wasserneutral

Pagodenstein
wasserneutral

Aquariumfelsen
kalkhaltig

Desert Moon
wasserneutral

Versteinertes Laub
leicht kalkhaltig

Seegebirge
leicht kalkhaltig

Samuraistein
leicht kalkhaltig

Islandlava
wasserneutral

Versteinertes Holz
leicht kalkhaltig

Sandwüstenstein
leicht kalkhaltig

Mini-Landschaft
leicht kalkhaltig

Messerstein
leicht kalkhaltig

Iwagumi

Eine besondere Form der Steingestaltung ist das sogenannte Iwagumi. Aus dem Japanischen übersetzt bedeutet das Wort Iwagumi soviel wie „Steinformation".

Mit dieser einfachen Übersetzung ist diese Stilrichtung auch am besten erklärt. Verschieden große Steine stehen in harmonischer Einheit zueinander. Was so einfach klingt, ist aber eine regelrechte Kunst in der Umsetzung. Es gibt sogar Wettbewerbe für die Art und Weise, Steine nach den Regeln japanischer Gartenkunst im Aquarium zu setzen. Hier wird nach strengen Regularien und Grundprinzipien gearbeitet und später auch bewertet. Aber auch ein Einsteiger kann eine schöne Steinlandschaft gestalten, wenn er einige grundlegende Kriterien beachtet. Einheitliches Steinmaterial mit charaktervollem Aussehen ist auf jeden Fall zu bevorzugen. Auch eine ungerade Anzahl bei den größeren Steinen wirkt auf den Betrachter harmonisch und zugleich spannend. Meist wird nur mit 3 großen Steinen gearbeitet, kleinere Steine ergänzen die Formation.

Die größte Bedeutung hat der Hauptstein, der sogenannte Mainstone.

Er sollte durch eine auffälliger Struktur und Größe ein besonders charaktervolles Aussehen besitzen. Die weiteren Steine unterstützen den Hauptstein in seiner Wirkung. Der Mainstone wird grundsätzlich zuerst gesetzt. Er ist ausschlaggebend für die Gesamtwirkung der Landschaft im Iwagumi-Stil. Der zweitgrößte Stein wird rechts oder links vom Hauptstein positioniert. Er kann auch in eine andere Richtung zeigen als dieser. Kleinere Steine mit ebensoguter Struktur erzeugen eine schöne Harmonie und vollenden den Gesamteindruck. Die Bepflanzung wird in der Regel sehr minimalistisch gewählt, dies bedeutet, dass oft nur 1 - 2 Pflanzenarten verwendet werden. Flachwachsende und polsterbildende Arten wie Hemianthus callitrichoides 'Cuba' oder Glossostigma elantinoides sind beliebte Bodendecker, ebenso wie die grasartige kleine Nadelsimse Eleocharis pusilla.

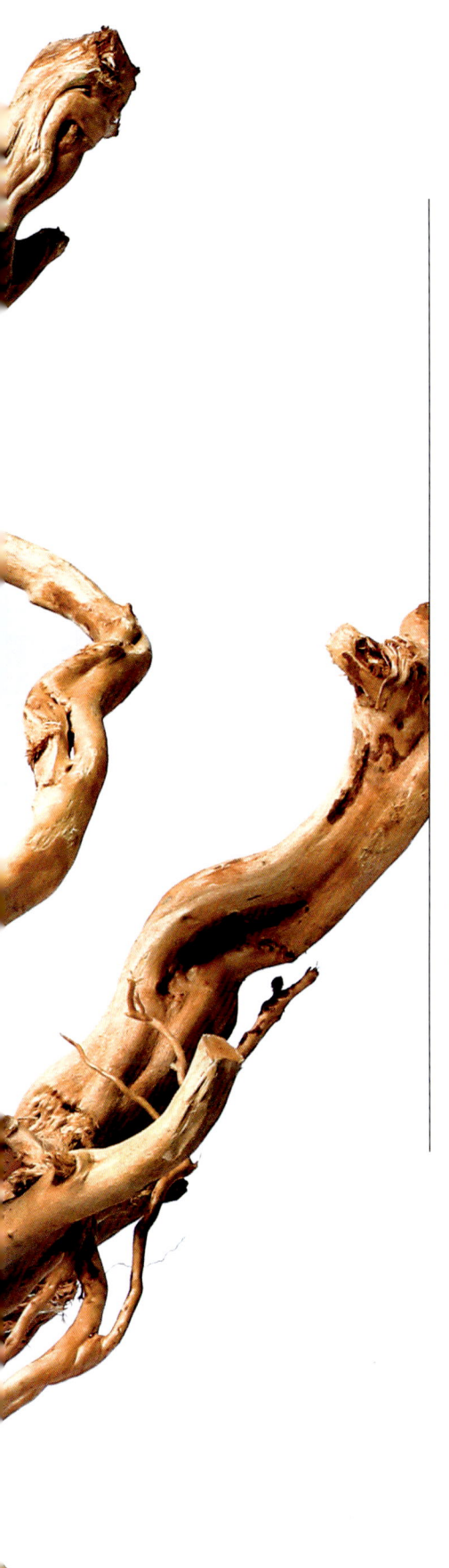

Neben dem Steinmaterial sind Wurzelholz und andere Holzmaterialien wichtige Elemente in einem Layout.

Es besteht die Möglichkeit, Steine und Wurzeln zu kombinieren, man kann aber natürlich auch nur mit Wurzelholz arbeiten. Dabei muss man wie bei den Steinen die Wasserverträglichkeit beachten. Je nach Herkunft können Hölzer zu viele Huminsäuren abgeben, auch Faulstellen und Harzanteile können das Wasser negativ belasten. Das verwendete Holz sollte auf jeden Fall gut abgelagert und wasserstabil sein. Sehr beliebt sind besonders feingliedrige und filigrane Wurzelstücke, die verschiedenartig platziert werden können. Eindrucksvolle Wurzeln sind meist der Blickfang in einem Layout und geben die Art und Weise der Bepflanzung vor. Zusätzlich können noch bestimmte Postionen des Holzes mit Moosen oder Aufsitzerpflanzen wie Anubias oder Microsorum-Arten „begrünt" werden. Anders als bei den Steinen ist eine Kombination verschiedener Holzarten gut möglich und wirkt sehr natürlich.

Hölzer

Mangrove

Ein schweres Holz, das sofort absinkt. Es kann über lange Zeit das Wasser gelblich einfärben. Das Abkochen der Wurzel vermindert diese Wasserverfärbung.

Rote Moorwurzel

Da dieses Holz nicht sofort absinkt, ist es ratsam, es einige Tage vorher zu wässern, damit es sich vollsaugen kann. Oft bildet sich auf dem Holz eine dünne Schleimschicht, die man beim nächsten Wasserwechsel leicht entfernen kann.

Flusswurzel

Schön strukturierter Wurzeltyp, der sofort absinkt und das Wasser nicht einfärbt.

Talawa Wood

Sehr leichter Holztyp mit interessanter Rindenstruktur, das allerdings auch vorgewässert werden sollte, da es sonst aufschwimmt. Das Wasser wird nicht eingefärbt.

Begrüntes Wurzelholz wirkt besonders natürlich und urwüchsig. Insbesondere eignen sich dafür viele Moosarten, die man spielend leicht aufbinden kann, und die schon nach kurzer Zeit einen dichten Bewuchs bilden.

Der Goldene SCHNITT

Der Goldene Schnitt ist kein Begriff aus der Änderungsschneiderei, sondern aus der Mathematik. Er bezeichnet die Raumaufteilung einer Strecke oder anderer Größen. Der Goldene Schnitt wird in vielen Bereichen wie z.B. in der Architektur oder in der Kunst angewendet.

Für den ungeübten Aquarianer ist er ein gutes Hilfsmittel, mit dem eine harmonische Wirkung im Aquarium erzielt werden kann. Dabei wird die Beckenlänge und -höhe jeweils im Verhältnis 1:1,6 aufgeteilt. Diese Werte werden von links und von rechts markiert, ebenso bei der Höhe jeweils von oben und unten. So ergeben sich vier Linien mit 4 Schnittpunkten. Diese sind die möglichen Fokuspunkte für einen außergewöhnlich schönen Stein oder eine markante Wurzel. Auch für die Auswahl der Pflanzen, die den Betrachter sofort in seinen Bann ziehen sollen, bieten diese Markierungspunkte nützliche Orientierungshilfen. Dies ist besonders hilfreich bei auffallenden Pflanzen mit ornamentalen oder sehr farbigen Blättern. Der Goldene Schnitt ist aber keine feste Regel, die man unbedingt einhalten muss, um ein kleines Kunstwerk zu schaffen. Viele erfahrene Aquascaper durchbrechen oftmals die Regeln - mit beeindruckender Wirkung. Sie erliegen dem besonderen Reiz, etwas Neues und „Verrücktes" zu gestalten.

Grundformen
im Aquascaping

Es gibt drei Layout-Grundformen für die Gestaltung eines schönen Naturaquariums. Eine zentrale Anordnung in der Mitte, ein links- oder rechtsseitiges Layout und ein Layout in U-Form mit einem Tal im mittleren Bereich.

Bei der zentralen Grundform wird von der Mitte aus das Hardscape platziert und nach links und rechts gescaped. Dabei sollte man aber den Goldenen Schnitt beachten und Steine oder Wurzeln nicht direkt auf der Mitte platzieren, sondern leicht versetzt. Die Auswahl der Pflanzen richtet sich auf die Zentralisierung des Layouts. Höher werdende Pflanze wachsen mittig im Hintergrund und sehr niedrige wachsende Pflanzen links und rechts an den Seitenscheiben. Der Vordergrund wird ebenfalls mit flachwachsenden Arten bepflanzt, um die mittige Hügelform zu unterstreichen.

Bei einem links-oder rechtsseitigen Layout ist der höchste Punkt in der Gestaltung an der Seitenscheibe des Beckens. Hier sollte man mit einem starken Substratanstieg arbeiten, um eine schöne Wirkung zu erzielen. Im Vordergrund sollte die Substrathöhe sehr niedrig sein, um eine besondere Tiefenwirkung zu erreichen. Bei dieser Art der Gestaltung kann man oftmals gut technische Geräte wie Filter oder CO_2-Zugabegeräte hinter einem Hügel aus Pflanzen verbergen. Die Wahl der Seite, ob links oder rechts, sollte sich am Standort des Aquariums im Raum orientieren, damit der Betrachter die „Schokoladenseite" präsentiert bekommt.

Eine sehr beliebte Grundform ist die zentrale Platzierung mit einem Freiraum in der Mitte. Auch hier sollte man ein wenig asymmetrisch gestalten, um eine harmonische Wirkung zu erzielen. Der Freiraum sollte nicht direkt in der Mitte des Beckens, sondern nach links oder rechts versetzt sein. Eine einfache Formel ist die Aufteilung 1/3 zu 2/3 der Bepflanzung. Der gestaltete Freiraum erhöht die optische Tiefenwirkung in eindrucksvoller Art und Weise. Mit einer transparenten Rückwandfolie kann man die Wirkung nochmals steigern. Eine schwarze oder weiße Folie würde hier eher stören.

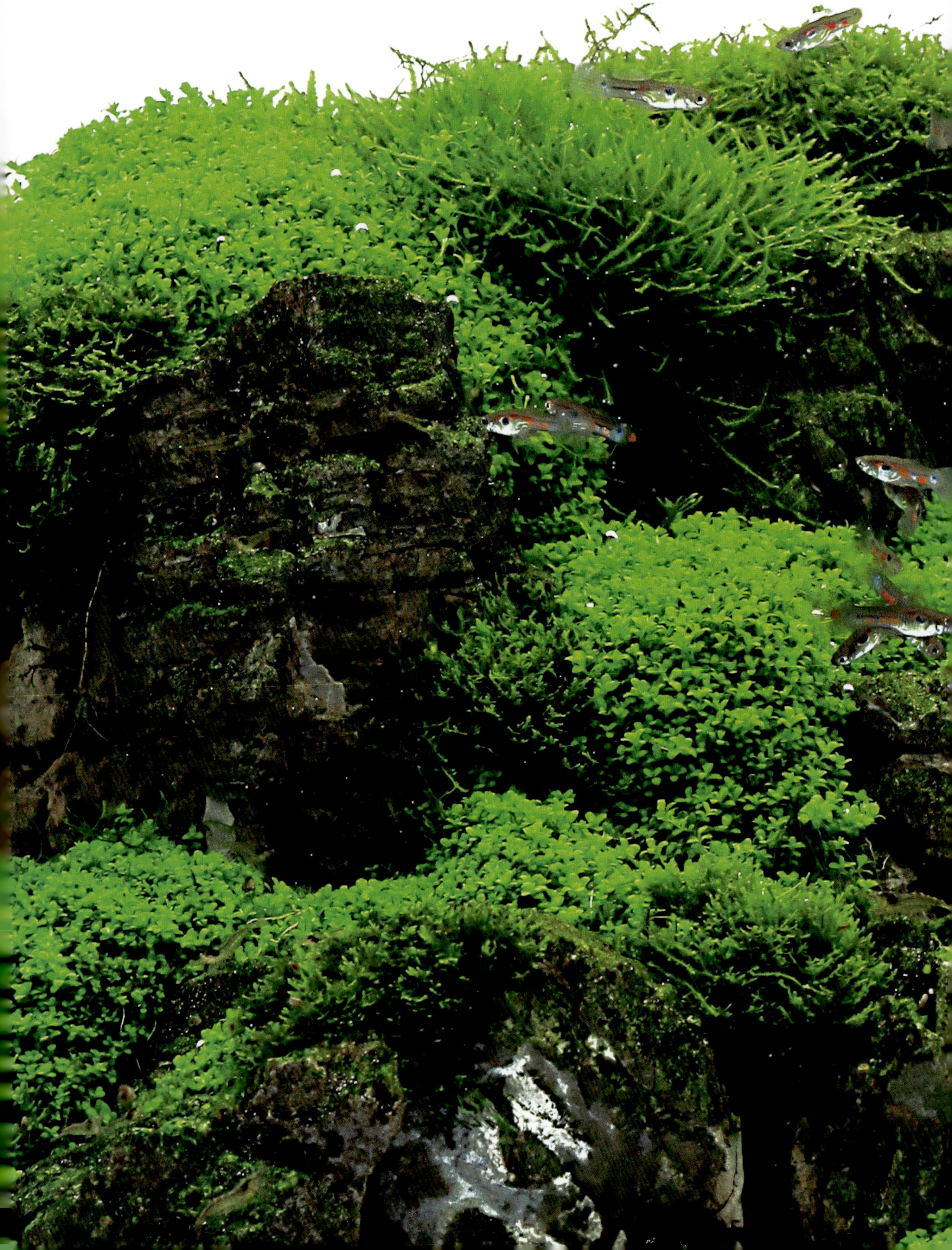

Scaper's World

Wie ein Aquarium eingerichtet und gestaltet wird, hängt im wesentlichen vom Geschmack und den Vorlieben des Aquascapers ab. Den unterschiedlichen Inspirationsquellen ist ein Ziel gemein – ein harmonisches Abbild der Natur in einem Aquarium nachzubilden.

ROYAL TIGER

Scaper Tank 50 Liter, 45 x 36 x 31 cm (BxTxH)

Oliver Knott

Nur noch wenige Königstiger leben in der freien Wildbahn auf dem indischen Subkontinent. Extrem selten sind Begegnungen mit einem weißen Tiger, einer besonderen Laune der Natur. Im Labyrinth der karstigen Höhle wartet die Großkatze auf die Gelegenheit Beute zu schlagen. Üppiges Pflanzendickicht überwuchert die Felsenlandschaft und bietet dem weißen Tiger Unterschlupf und Tarnung zugleich.

Hardscape (Steine) und Softscape (Pflanzen) wirken sehr natürlich und vermitteln eine spannende Szene im indischen Dschungel. Die verschiedenen Grüntöne der unterschiedlichen Pflanzenarten und die geschickte Auswahl der Wuchsformen unterstützen das Dschungelfeeling. Jetzt fehlen nur noch die Vogelstimmen und das Zirpen der Zikaden.

Natürlich ist der Fokus in dieser Landschaft auf die Tigerfigur gerichtet, aber auch „ohne" zeigt sich dieses Pflanzenaquarium von seiner schönsten Seite.

Hardscape: Aquariumfelsen
Bodengrund: Deponit-Nährboden

Pflanzen
[1] Hygrophila difformis, [2] Rotala spec. Grün, [3] Hygrophila corymbosa 'Kompakt' [4] Riccia fluitans, [5] Vesicularia montagnei 'Christmas Moos', [6] Glossostigma elantinoides

Tierbesatz
Panthera tigris tigris, Caridinia multidentata, Neocaridina heteropoda, Clithon diadema

Oliver Knott ist wohl der bekannteste Aquascaper in Deutschland und Europa. Die Aquaristik begleitet den 41-jährigen Karlsruher schon lange und spiegelt sich auch in seiner beruflichen Laufbahn wieder. Nach mehreren Stationen in der Zoobranche hat sich der gelernte Zoofach-Einzelhandelskaufmann im Jahr 2001 als Aquariendesigner und Berater selbstständig gemacht.

Bei mehreren internationalen Fotowettbewerben hat Oliver immer Top-Platzierungen erreicht und 2004 und 2005 beim Internationalen Aquascaping Contest den Titel als Weltmeister errungen. Wegbereiter für das heutige Aquascaping sind zweifelsohne die Kunstwerke von Takashi Amano, bestätigt uns Oliver. 1990 erschien das erste internationale Buch „Naturaquarien" von Takashi Amano, was als die Geburtsstunde der heutigen Aquascapingszene gilt. Eine Reise nach Japan und ein Besuch bei Takashi Amano hat Olivers Verständnis für die asiatische Anschauungsweise maßgeblich beeinflusst.

Für Oliver ist das Thema Aquascaping aber keine Randerscheinung für nur einige Spezialisten, er möchte auch dem Anfänger und Einsteiger in der Aquaristik diese Art der Gestaltung näher bringen. Als Buchautor versucht er bereits erfolgreich eine breite Leserschaft zu animieren, eine schöne Unterwasserlandschaft im heimischen Wohnzimmer zu pflegen. „Gestalte dein Aquarium so, dass es für das menschliche Empfinden harmonisch und ästhetisch wirkt und die tierischen Bewohner sich darin wohlfühlen" so die einfache Definition von Oliver. Und mit ein wenig Geschmack und Fingerspitzengefühl wächst oftmals ein neuer „Aquascaper" heran. Die Kenntnisse werden umfangreicher und die gesammelten Erfahrungen führen zu einer Weiterentwicklung in der Gestaltung und Pflege einer lebendigen Unterwasserwelt im Glaskasten.

Bei eigenen Gestaltungen versucht Oliver immer wieder neue Wege zu gehen. Auch bei den Materialien für das Hardscape ist er immer auf der Suche nach Ausgefallenem. Jüngstes Beispiel ist die Japanische Holzkohle. Sie zählt zu den härtesten Kohlearten der Welt und hat durch die Farbe und natürliche Form einen hohen dekorativen Wert. In Japan werden diese Hölzer als Dekoelement zur Luftreinigung verwendet, aber auch zur Aufbereitung des Trinkwassers für die Teezeremonie.

Japanische Steinkohle

Scaper Tipp

Ein Wachsen und Gedeihen der Pflanzen im Aquarium ist ohne Lichtquelle von oben nicht möglich. Ein guter Mittelwert sind 0,5 Watt pro Liter für ein gutes Pflanzenwachstum.

Neben der notwendigen Beleuchtung für Pflanzen und Tiere kann man Licht natürlich auch zur Dekoration verwenden. Beim vielen Aquascaping-Gestaltungen gibt es unbepflanzte Freiräume, die sich bis zur Rückwandscheibe ziehen. Mit einer Rückwandbeleuchtung können individuelle Stimmungen erzeugt werden, und je nach Farbe entsteht ein neuer Eindruck wie ein Sonnenaufgang oder ein leuchtend blauer Sommerhimmel bis hin zum romantischen Abendrot. Diese Effekte kann man mit einem Leuchtkasten hinter der Rückwandscheibe gut realisieren. Moderne LED-Technik macht es möglich, verschiedenste Farbtöne einzustellen.

LED–Leuchten haben eine lange Lebensdauer und einen geringen Stromverbrauch, daher werden immer mehr LED-Leuchtmittel auch für die Beleuchtung des Aquariums von oben verwendet.

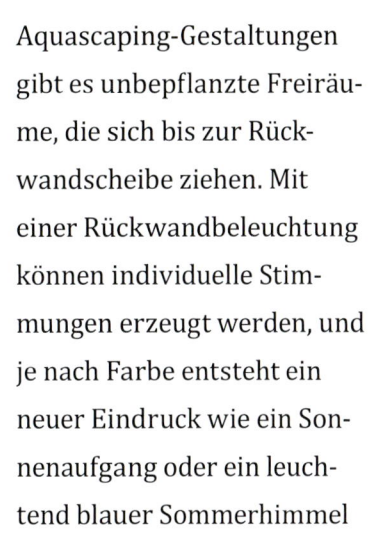

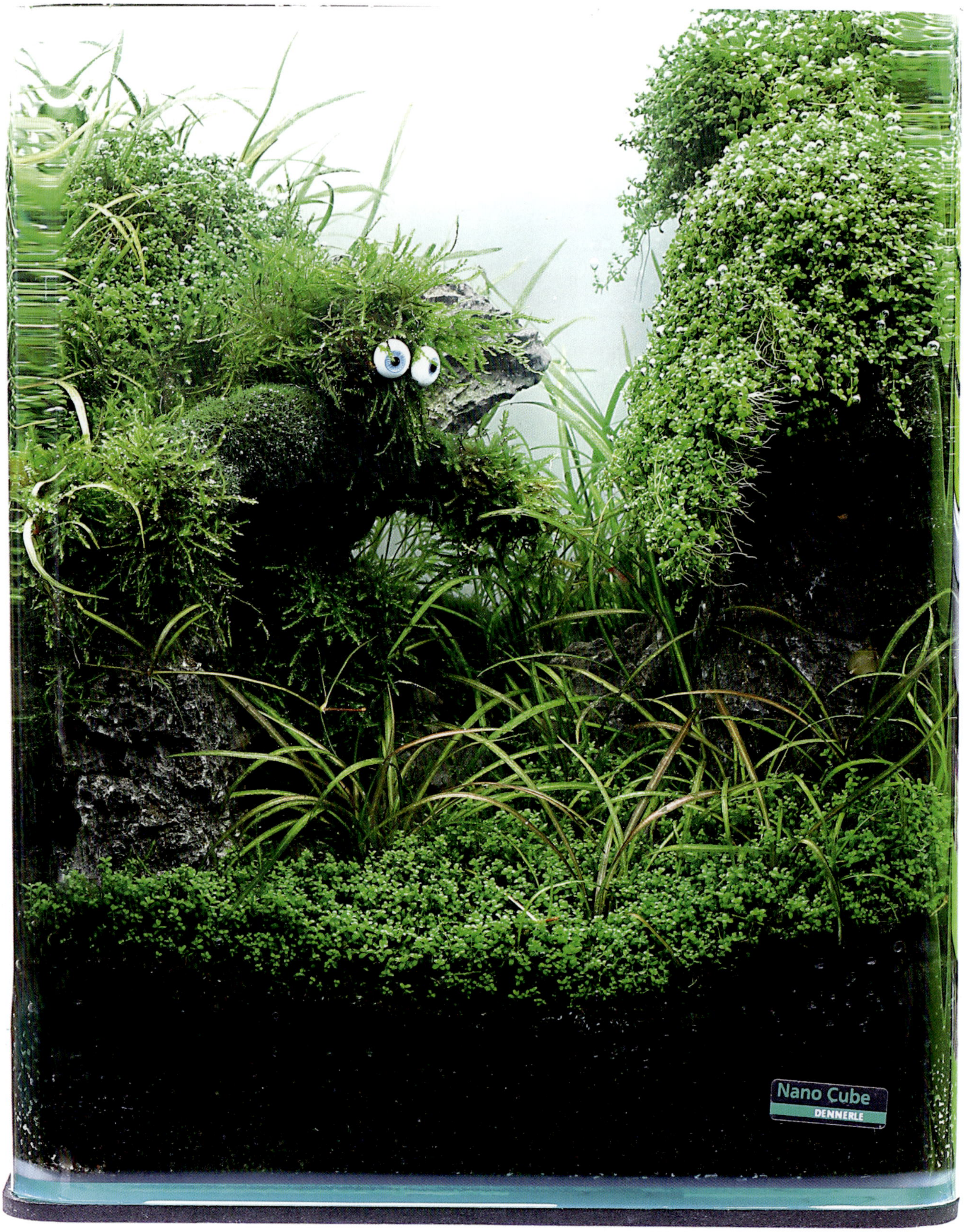
Nano Cube
DENNERLE

The Moss-Man

Eine skurrile und zugleich lustige Szene eröffnet sich dem Betrachter. Ein kleiner, grüner Kobold befreit sich aus dem Pflanzendickicht und erkundet seine Umgebung. Wie die Geschichte weitergeht, ist offen und geheimnisvoll ... da ist viel Raum für die Vorstellungskraft und die Fantasie eines jeden einzelnen.

Die Pflanzenauswahl ist bewusst auf wenige Arten reduziert. Hemianthus-Polster überwuchern Stein und Fels, die Halme der Helanthium wirken wie Grasbüschel in einem sumpfigen Moorgebiet. Man spürt die Feuchtigkeit und die unbändig alles überwuchernde Wuchskraft der Pflanzen in diesem Layout und mittendrin ... der kleine, grüne Kobold!

The Moos-Man/NanoCube 20L (25 x 25 x 30 cm)

Hardscape: Mini-Landschaft
Bodengrund: Deponit-Nährboden

Pflanzen:

[1] Hemianthus callitrichoides 'Cuba' [2] Helanthium tenellum
[3] Vesicularia montagnei [4] Aegagrophila linnaei

Hiking Tour

Scaper Tank 50 Liter, 45 x 36 x 31 cm (BxTxH)

Andreas Ruppert

Was gibt es Schöneres, als an einem klaren Tag in den Bergen zu wandern und die Natur in all ihrer Pracht zu genießen. Dieses Gefühl vermittelt Andreas Ruppert eindrucksvoll mit seinem Layout „Hiking Tour". Die Szenerie könnte irgendwo in den Alpen oder einem anderen Gebirge liegen. Der Wanderer befindet sich auf Höhe der Baumgrenze, vereinzelte Bäume säumen seinen Weg und werden nach und nach von den Matten und Polstern flachwachsender Pflanzen abgelöst. Die Pflanzenauswahl ist entsprechend kleinwüchsig und filigran ausgewählt.

So entsteht eine unglaubliche naturgetreue Nachbildung einer alpinen Szene. Der Betrachter möchte gerne auf diesem Weg weiterwandern – voller Erwartung, was sich hinter der nächsten Biegung verbirgt.

Hardscape: Mini-Landschaft, Buchsbaumholz
Bodengrund: Deponit-Nährboden

Pflanzen
[1] Vesicularia ferriei 'Weeping Moos' [2] Riccardia chamedryfolia 'Korallenmoos' [3] Hemianthus callitrichoides 'Cuba' [4] Crepidomanes malabaricum [5] Fissidens geppii [6] Cryptocoryne parva [5] Eleocharis pusilla [6] Rotala mexicana 'Goiás' [7] Bucephalandra cf. motleyana 'Sekadau'

Tierbesatz
Corydoras pygmaeus, Caridina simoni simoni, Clithon spec.

Foto Georg Just

Caveman's Lounge

Das Gestein „Mini-Landschaft" gehört zu Andreas' Lieblingssteinen für ein Hardscape. Aufgrund der kantigen und zerfurchten Oberfläche wirkt es sehr natürlich – wie kleine Felsen oder Berge. Gerade für kleinere Layouts ist es nahezu ideal geeignet, um eine Miniaturlandschaft entstehen zu lassen. Wie bei jeder Steinsorte gibt es gut und weniger gut geeignetes Material. Andy ist immer auf der Suche nach einem besonderen „Masterpiece" – das heißt, einem Stein mit intensiver Struktur und Form. Da wird auch mal ein Stein gekauft, der im Moment gar nicht verwendet wird. Hier kommt der Trieb des „Jägers und Sammlers" voll zum Ausdruck.

Andreas ist jedoch überzeugt, dass ein eindrucksvolles Layout erst mit einer großen Auswahl an Steinen gelingt. Bei der Verwendung von Seiryu Rock - wie das japanische Gestein auch genannt wird-, muss man beachten, dass das Wasser leicht aufgehärtet wird. Bei weichem Ausgangswasser ist dies weniger problematisch, auch häufiger Wasserwechsel minimiert die Erhöhung der Karbonathärte.

Der Fokus dieser Landschaft ist auf das Hardscape gerichtet. Das Szenario spielt vor 80.000 Jahren zu Zeiten der Neandertaler. Natürliche Höhlen waren wohl die ersten Behausungen früherer Menschen - daher kommt auch die Bezeichnung Höhlenmenschen.

Das verwendete Layoutgestein ist schwarze afrikanische Pagode – ein relativ neues Steinmaterial aus Afrika. Wie bei der Gesteinsart „Minilandschaft" wird das Wasser etwas aufgehärtet. Die bizarre Form der Steine ist geradezu ideal für eine Miniaturgestaltung in einem kleinen Cube. So werden aus faustgroßen Steinen in der Wahrnehmung des Betrachters meterhohe Felsen und Klippen. Die Bepflanzung ist bewusst reduziert gewählt, damit der Fokus auf die Höhle gelenkt wird.

NanoCube 20L (25 x 25 x 30 cm)

Hardscape: Afrikanische Pagode
Bodengrund: Ziersand

Pflanzen:
1) Cryptocoryne parva 2) Anubias nana 'Bonsai' 3) Riccardia chamedryfolia 4) Bucephalandra spec. 5) Fissidens fontanus 6) Taxiphyllum barbieri

Ein Zufall war es, der den jetzt 31-jährigen Andreas Ruppert vor 7 Jahren zur Aquaristik und zum Aquascaping geführt hat. Als Kind hatte er den ersten Kontakt mit einem 60er-Aquarium mit Guppys mit – mehr oder weniger Erfolgserlebnissen. Wie so oft verschwand das Aquarium im Keller oder auf dem Dachboden – Hauptsache außer Sichtweite.

Als in seinem Bekanntenkreis nach einem Abnehmer für ein 70-l-Aquarium gesucht wurde, war Andreas' Interesse erneut geweckt, und schnell war das „gebrauchte" Aquarium mit selbst gesammelten Steinen und Wurzeln eingerichtet. Wer kennt es nicht - Hobbyinteressen können süchtig machen. Der nächste Schritt folgte – ein 375-l-Becken mit farbenprächtigen Tanganjika-Buntbarschen. So schön die Fische aus dem ostafrikanischem See auch waren, es fehlte doch das lebendige, üppige Grün vieler Wasserpflanzen. Das Aquarium wurde nun in eine „grüne" Unterwasserlandschaft mit Zwergbuntbarschen und Salmlern und natürlich vielen unterschiedlichen Pflanzen umgestaltet. Weiteres Grün gesellte sich dazu – die Algen. Aus dieser Problematik heraus studierte Andreas die Bedürfnisse der Aquarienpflanzen genauer, und nach und nach stellte sich ein besserer Wachstumserfolg ein.
2010 wurde Andy auf die fantastischen Aquascaping-Aquarien aus Fernost aufmerksam und war tief beeindruckt von dieser Art und Weise, eine Unterwasserlandschaft zu gestalten. Nicht nur die eindrucksvollen Naturaquarien von Takashi Amano führten zu einer Neuausrichtung – es waren auch viele andere Künstler aus Fernost, die Andreas' weiteren Weg beeinflussten.
Einige seiner Arbeiten kann man auf seiner Homepage „Glaskastenkunst" bewundern. Die Liebe zum Detail kann man bei seinen Layouts deutlich spüren. Gerade bei kleineren Aquarien ist die Wirkungsweise verblüffend, und es ist faszinierend, in welcher Feinarbeit eine Miniaturlandschaft entstanden ist. Die natürliche Anmutung steht dabei immer im Vordergrund - da darf auch mal der eine oder andere Trieb etwas krumm gewachsen sein.

Andreas' Riparium hat eine besondere Geschichte und spiegelt eine interessante Facette in der Wohnraumgestaltung mit Pflanzen wieder. Bei einem Riparium wird ein Ufer-Biotop mit einem Landteil und einen Teilbereich mit Wasser dargestellt. Im Wasser leben Fische, Garnelen und andere tierische Bewohner wie in einem Aquarium.

Eigentlich sollte das große 375 Liter fassende Becken wieder ein Aquascaping-Aquarium werden. Aber der Umzug in eine Altbauwohnung mit nicht vorhandenen Bauplänen führte doch zu erheblichen Bedenkungen bezüglich der Schwere eines voll befüllten 150 cm langen Aquariums. So wurde der Entschluss gefasst, etwas Neues zu probieren und die Aquaterraristik kennenzulernen. Durch die Umgestaltung betrug der Wasserenteil nur noch ca. 100 l, und Andreas konnte ruhiger schlafen.
Im April 2010 ging es mit der Ersteinrichtung los. Erfahrungen wurden gesammelt und nach und nach in der Umgestaltung berücksichtigt. Über viele Monate hinweg veränderte sich das Riparium permanent weiter bis zum Sommer 2011. Beim AGA Contest 2011 wurde Andreas' Riparium in der Kategorie „Paludarium" auf Platz 1 gewählt. In der Jurybewertung wurde die besonders hohe Natürlichkeit und Harmonie gelobt.
Die Liebe zum Detail ist bei allen Werken von Andreas zu spüren - und manchmal muss man in eine Altbauwohnung einziehen, um ein Sieger-Layout zu gestalten.

Foto Alexander Giller

Scaper Tipp

Für ein gelungenes Hardscape benötigt man eine vielfältige Auswahl an Steinen und Wurzeln. Je mehr, desto besser. So kann man die unterschiedlichen Strukturen des jeweiligen Hardscape-Materials für den jeweiligen Verwendungszweck optimal passend aussuchen.

Wie heißt es so treffend: „Übung macht den Meister". Aus diesem Grund ist es ratsam, einfach einmal mit den Materialen auf einem „Übungsgelände" Erfahrungen zu sammeln. Das ist ganz simpel – in eine flache Holzkiste oder ähnliches (ca. 10 cm hoch) Kies oder Sand bis zur Oberkante einfüllen – fertig ist die Bodengrund-Simulation eines Aquariums. Nun kann man nach Belieben Steine oder Wurzeln arrangieren und dabei verschiedene Hardscape-Layouts modellieren und ausprobieren. Mit der Zeit bekommt man ein Gespür für das Material und für eine harmonische Gestaltung. Der Goldene Schnitt ist dabei ein gutes und wichtiges Hilfsmittel.

All Summer long

Scaper Tank 50 Liter, 45 x 36 x 31 cm (BxTxH)

Annika Reinke

Der Sommer im Hochgebirge ist nur von kurzer Dauer, und die Vegetation hat nicht viel Zeit zu wachsen und sich zu vermehren. Die langen, hellen Tage sind in einer Schönwetterperiode ein Füllhorn an Geräuschen, Farben und Gerüchen. Das Szenario erinnert ein wenig an die berühmten Grasberge in den Allgäuer Alpen. Aufgrund ihrer Steilheit, und weil bekanntere Gipfel in unmittelbarer Nachbarschaft liegen, werden sie nur selten bestiegen. Auf dem Gipfel angelangt ist man fern unserer reizüberfluteten Welt und genießt einen unvergesslichen Sommertag in den Bergen. Mit vielen leuchtend hellgrünen Pflanzenarten hat Annika diese Sommerstimmung in den Bergen in ihrem Scaper Tank eindrucksvoll umgesetzt. Die verwendeten Drachensteine im Hardscape sind in einer sehr harmonischen Raumaufteilung hervorragend platziert.

Hardscape: Drachenstein
Bodengrund: Deponit-Nährboden

Pflanzen
[1] Vesicularia ferriei 'Weeping Moos', [2] Taxiphyllum barbieri, [3] Pogostemon helferi, [4] Hydrocotyle cf. tripartita, [5] Hemianthus callitrichoides 'Cuba', [6] Pogostemon stellata, [7] Rotala spec. Enie, [8] Bacopa monieri, [9] Ranunculus inundates

Tierbesatz
Hyphessobrycon amandae

Do you remember

Annika Reinke aus Schneverdingen in der Lüneburger Heide ist eine der wenigen Frauen in der „noch" männerdominierten Aquascaping-Szene. Sie und ihr Lebenspartner Jan bilden ein starkes Team, ohne dabei ihre Individualität zu verlieren. Nach vielen Jahren Berufstätigkeit als tiermedizinische Angestellte hatte Annika letztes Jahr die Chance, ihr Hobby mit dem Beruf zu verbinden, und ist nun Mitarbeiterin im Garnelenhaus in Hamburg.

Die Liebe zur Aquaristik entdeckte sie schon im Kindesalter, und die kleine Annika pflegte voller Stolz ein 54 Liter fassendes Guppy-Aquarium. 2008 entdeckten dann Annika und Jan gemeinsam das Aquascaping. Das geplante Aquarium sollte eher ein Wohnaccessoire sein als ein Glaskasten zur Fischhaltung. Bei all den Recherchen, wie man ein Aquarium modern gestaltet, begegneten Annika immer wieder dieselben Namen und Begriffe. Es waren natürlich Takashi Amano und die Bilder seiner Naturaquarien, die die Frage nach der Einrichtung alternativlos werden ließen. Das Aquarium wurde eingerichtet, erste Wachstumserfolge stellten sich ein, und die nächste Frage tauchte auf: Welche Lebewesen sollen hier einziehen? Die neuen Bewohner sollten auf jeden Fall ein artgerechtes Zuhause bekommen, und kurze Zeit später zogen ein Schwarm Neons und eine Gruppe Amanogarnelen ein ... und alles nahm seinen Lauf!

Ideen für neue Layouts, so erzählt Annika, begegnen ihr täglich. Als „Dorfkind" hat sie die Natur direkt vor der Tür. Spaziergänge mit dem Hund und auch Ausritte mit ihrem Pferd unterbricht sie oftmals, um Fotos von moosbewachsenen Steinen oder Bäumstämmen zu machen.

Hierbei entsteht nie ein neues Layout. Vielmehr sammelt sie kleine Details (da ist sie wieder - die Jäger-und-Sammler-Mentalität), um zu verstehen, wie man die Natürlichkeit unter Wasser wiedergeben kann. Ebenso nimmt sie sich auch fremde Aquascapes zum Vorbild. Dabei geht es nicht darum, ein Layout zu kopieren, sondern darum, zu verstehen, wie gewisse Stimmungen geschaffen wurden. Auch hier sind es meist kleine Details, die sie inspirieren.

Für Annika ist Aquascaping in erster Linie die Pflege eines gut funktionierenden Pflanzenaquariums. Ohne schöne Pflanzen gibt es kein gutes Aquascape! Dieses Wissen, kombiniert mit den gestalterischen Fähigkeiten, dem Perfektionismus und der Kreativität der Scaper, die in einem Glaskasten eine Landschaft entstehen lassen, macht das Aquascaping letztendlich zu einer lebenden Kunstform.

Bei Annika und Jan stehen immer mindestens 10 Aquarien, wobei auch einige nur zur Hälterung von gewissen Pflanzenarten und auch für die Haltung von verschiedenen Garnelenarten betrieben werden. Das ist halt die Sammelleidenschaft ...

Annikas (und Jans) Lieblingspflanze ist HCC, wie sie in Aquascaper-Fachjargon genannt wird. Hemianthus callitrichoides 'Cuba' ist sehr vielseitig einsetzbar und hat selbst in den kleinsten Aquarien einen wirkungsvollen Effekt.
In großen Aquarien, betont Annika, sieht sie am liebsten farbige Stängelpflanzen wie Ludwigien, Rotalas und vor allem Pogostemon stellatus (älterer Name: Eusteralis stellata), da diese Pflanze für sie einfach die Vitalität eines gut funktionierenden Biotops ausstrahlt. Bei vielen Layouts, vor allem in kleineren Aquarien, sind sie zwar leider sehr schwer einzubringen, aber ein kleiner roter Farbklecks gehört für Annika immer dazu.
Beim Vergleich der Aquascaper aus Asien und Europa sieht Annika die asiatischen Layouts immer noch einen Schritt voraus. Allerdings haben die Europäer deutlich aufgeholt und erreichen auch immer wieder Top-Platzierungen bei diversen Fotowettbewerben. So ist es nicht verwunderlich, wenn man Annika nach Vorbildern fragt, dass sie viele Bekannte und Freunde aus ihrem Umfeld nennt, wie zum Beispiel Marcel Dykierek für seinen Perfektionismus, Andreas Ruppert für sein detailliertes Arbeiten, Georg Just für seine Kreativität und sein fotografisches Können, Tobias Coring für seine perfekt aussehenden Pflanzen und viele andere mehr ... (da wollen wir doch hoffen, dass Jan auch dabei ist).

Scaper Tipp

Am wichtigsten ist es, Beleuchtung und Düngung ideal aufeinander abzustimmen. Becken mit starker Beleuchtung benötigen natürlich entsprechend viele Nährstoffe, da die Pflanzen mehr Energie für die Photosynthese zur Verfügung haben und diese in Wachstum umsetzen. Hierfür brauchen sie eine ausreichend hohe Versorgung mit den wichtigen Nährstoffen N, P, K, Fe und CO_2. Schwach beleuchteten Aquarien reichen dementsprechend geringere Nährstoffzugaben, welche teilweise auch durch die Fütterung abgedeckt werden. Trotzdem sollte man darauf achten, durch angepasste Düngung alle Nährstoffe in einem guten Verhältnis zur Verfügung zu stellen. Für ein gut funktionierendes Aquarium sollten natürlich auch andere Faktoren wie Filterung, Wasserwechselintervalle, Tierbesatz und Bodengrund berücksichtigt und an die jeweilige Situation angepasst werden.

Warped Wood

Scaper Tank 50 Liter, 45 x 36 x 31 cm (BxTxH)

Jan-Simon Knispel

Windgepeitscht und krummgewachsen wirkt das Wurzelholz. Es gibt diesem Layout eine unglaubliche Spannung und Dynamik. Die üppigen Moospolster verstärken den mystischen Charakter – dicht gedrängt sitzen kompakt wachsende Pflanzen zwischen den Felsen, als hätten sie hier Zuflucht vor dem Wind gefunden. Ihre Wuchskraft und Vitalität ist spürbar, kontrastreich wirken die unterschiedlichen Pflanzen in harmonischer Lebensgemeinschaft. Im ersten Moment unauffällig und dennoch sehr wirksam sind die kurzen Stängel der farbenprächtigen Rotala und der Lindernia im Pflanzendickicht platziert. Das Steinmaterial besitzt eine sehr natürliche Oberfläche, die von Wind und Regen gezeichnet sein könnte. Gerade die nicht sofort sichtbaren Details sind es, die ein gutes Scape ausmachen.

Hardscape: Talawa Wood, Seegebirge
Bodengrund: Deponit-Nährboden

Pflanzen
[1] Riccardia chamedryfolia, [2] Taxiphyllum cf. taxirameum, [3] Rotala spec. 'Grün', [4] Vallisneria nana, [5] Staurogyne repens, [6] Anubias nana 'Bonsai', [7] Echinodorus grisebachii 'Tropica', [8] Cryptocoryne parva, [9] Hemianthus callitrichoides 'Cuba', [10] Rotal spec. Enie, [11] Lindernia spec. 'India'

Tierbesatz
Caridina breviata

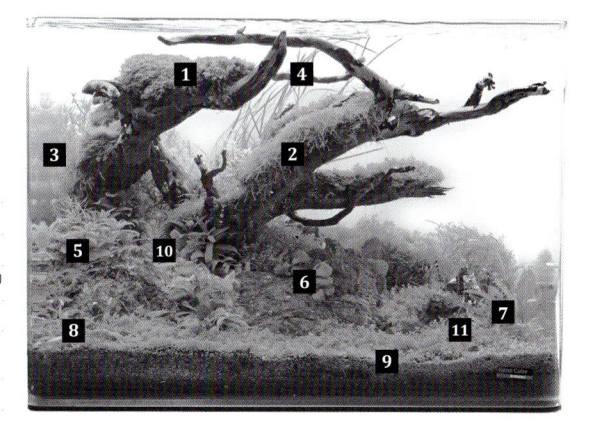

„Come around Sundown"

von Jan Simon Knispel Nano Cube 20 Liter 25 x 25 x 30 cm

Jan-Simon Knispel wohnt im Naturpark Lüneburger Heide, genauer gesagt in Schneverdingen. Der 29-jährige arbeitet als Projektleiter und suchte einen Ausgleich zu seinem teilweisen stressigen Job.

Vor fünf Jahren begann er daher mit der Aquaristik, aber eines stand von Anfang an fest – es sollte kein bloßes Aquarium zur Fischhälterung werden. Glücklicherweise war der Garnelenboom bereits voll im Gang, und Jan war schnell infiziert. Das Internet führte ihn auch zu Takashi Amano, und weitere Recherchen befeuerten seine Motivation, ein richtiges Pflanzenaquarium einzurichten. Die ersten Erfahrungen mit CO_2 wurden gesammelt und führten ihn immer tiefer in die Materie der Pflanzendüngung. Die wichtige Bedeutung der Nährstoffe Nitrat, Phosphat und Kalium hat Jan durch die Wachstumserfolge in seinem Pflanzenaquarium schnell erkannt. Nach und nach wurde das Aquarium in Richtung Aquascaping umgestaltet.

Heute pflegen Jan und Annika je nach Lust und Laune so zwischen 10 und 20 Aquarien, darunter eher viele kleine Becken, damit verschiedene Ideen umgesetzt werden können. Die Quellen seiner Ideen sind sehr vielschichtig. Der Naturpark Lüneburger Heide mit seinen Mooren und Wäldern gibt sehr viel her, aber auch Filme und Bilder liefern entscheidende Anregungen. Jan versucht jedoch nicht zwanghaft, einen Teil der Natur nachzuahmen, vielmehr sind es die Linien, das Licht- und Schattenspiel sowie die Farben, die er vereinen möchte, um etwas eigenes zu schaffen.

Sein großes Vorbild im Aquascaping ist Cliff Hui aus Hongkong. Seine Arbeiten sind für Jan einfach umwerfend detailliert, er versteht es perfekt, ein modernes Naturaquarium zu erschaffen, ohne dabei die erforderliche Pflanzenvitalität zu vernachlässigen.

Vorzügliche Pflanzenaquaristik gehört ganz klar zur hohen Kunst, denn für einen dauerhaften Erfolg ist ein fundiertes Wissen über die Wasserchemie erforderlich - dies ist Jans feste Überzeugung. Das Scaping selbst ist eher der Ausdruck eines gewissen Anspruchs an das gesamte Aquarium, sogar an den Wohnraum, in dem es steht. Dies wird aber auch immer durch Modeströmungen beeinflusst. Einsteiger brauchen aber nun keine Angst zu bekommen - es geht auch ohne Chemiestudium! Nicht jeder muss die Tour de France mitfahren, um zu erfahren, wie faszinierend Radfahren sein kann.

Für Einsteiger in das Hobby „Pflanzenaquarium" empfiehlt Jan ein 20-Liter-Nanocube. Diesen Sets liegt ein perfektes Technikpaket (Beleuchtung von 0,5 Watt pro Liter) mit einem leisen Innenfilter bei. Aufgrund der Größe sind sie nicht für Fische geeignet, somit kann man sich voll auf den Pflanzenwuchs konzentrieren.

Kleinere Aquarien reagieren viel schneller auf Veränderungen in der Pflege und der Düngung und erhöhen somit den Lerneffekt beim „Gärtnern". Auch der wöchentliche Wasserwechsel von 50 % ist bei einem derart kleinen Volumen eine Arbeit von wenigen Minuten. Ein vielleicht notwendiger Standortwechsel ist eine spielend leichte Sache. Die gesammelten Erfahrungen mit einem Nanocube sind eine gute Ausgangsbasis für ein größeres Aquascaping-Aquarium.
Auch bei größeren Aquarien sollte man auf den Fischbesatz in den ersten drei Monaten verzichten, so die klare Meinung von Jan. Am Anfang dauert es ca. 4 Wochen, bis sich die meisten Pflanzen auf das submerse Wachstum umgestellt haben und anfangen zu „arbeiten" - bei Moosen teilweise noch länger. Nach und nach übernehmen die Pflanzen einen wichtigen Teil der Filterfunktion für dieses kleine Ökosystem. Um die Pflanzen bei der Umstellung zu unterstützen, sollte die anfängliche Beleuchtungszeit auf ca. 6 Stunden begrenzt und dann wöchentlich um 30 Minuten gesteigert werden, bis die vollständige Beleuchtungsdauer von 10-12 Stunden am Tag erreicht ist. In der Einlaufphase kann es zu erhöhtem Algenbefall kommen, dem man aber mit mehreren starken Wasserwechseln entgegenwirken kann. Auch die Düngung muss an diese Situation angepasst werden.
Bei Fischbesatz wird durch die dadurch notwendige Fütterung sehr viel Phosphat in das System eingetragen, was es anfangs noch nicht vertragen kann. In einem stabil laufenden System ist dies später kein Problem mehr, da sich die notwendigen Bakterien und Kleinstlebewesen bereits gebildet haben und sich dem höheren Level anpassen können.
Jan plädiert daher klar dafür, Fische lieber später als zu früh einzusetzen. Natürlich spielt auch die richtige Fischart und die Anzahl der Tiere eine wichtige Rolle im Gesamtkonzept Aquascaping.

Scaper Tipp

Geduld ist das wichtigste bei der Pflege von Pflanzen. Häufiges „Umsetzen" oder „Umgestalten" lässt den Pflanzen keine Chance, ordentlich anzuwurzeln und dann gesund neu auszutreiben. Regelmäßige Wasserwechsel bei gleichzeitiger guter Düngung, eine gute Beleuchtung und natürlich eine gute Versorgung mit CO_2 sind die Garanten für eine erfolgreiche Pflege des Unterwassergartens. Bei der Versorgung mit Nährstoffen ist ein NPK-Dünger, der Makronährstoffe zufügt, unbedingt erforderlich. Davon gibt man eher mehr als zu wenig. Neben einem Mikronährstoffdünger komplementiert ein Eisenvolldünger die optimale Versorgung.

Xiling Canyon

Scaper Tank 50 Liter, 45 x 36 x 31 cm (BxTxH)

Adrie Baumann

Die Drei-Schluchten-Region des Jangtsekiang, des größten Flusses in China, gehört zu den vielen atemberaubenden Landschaften aus dem Reich der Mitte. Ein großer Abschnitt mit über 60 km Länge ist die Xiling-Schlucht. Adrie Baumann diente diese Flusslandschaft als Inspiration für sein Layout „Xiling Canyon". Man spürt die Schroffheit der steil aufragenden Felswände, die immer wieder vom üppigen Grün der Pflanzen aufgelockert werden. Der Aufbau des Hardscapes und die Harmonie der Bepflanzung ergeben eine starke Tiefenwirkung auf engstem Raum. Der eine oder andere Bergsteiger sucht sich schon eine Kletterroute in diesem Layout aus, um die Landschaft von oben zu betrachten und zu genießen. Bei der Pflanzenauswahl hat Adrie besonders auf kleinblättrige Arten geachtet – so kommt die Größenwirkung der Schlucht im Scaper Tank voll zur Wirkung.

Hardscape: Mini-Landschaft
Bodengrund: Soil

Pflanzen
1) Hemianthus callitrichoides 'Cuba', 2) Hemianthus micranthemoides, 3) Fissidens geppii, 4) Pogostemon helferi, 5) Marsilea hirsuta, 6) Bucephalandra spec., 7) Ludwigia arcuata, 8) Eleocharis pusilla, 9) Rotala indica

Tierbesatz
Aplocheilichthys normani, Neocaridina davidi (heteropoda) „Black Rili"

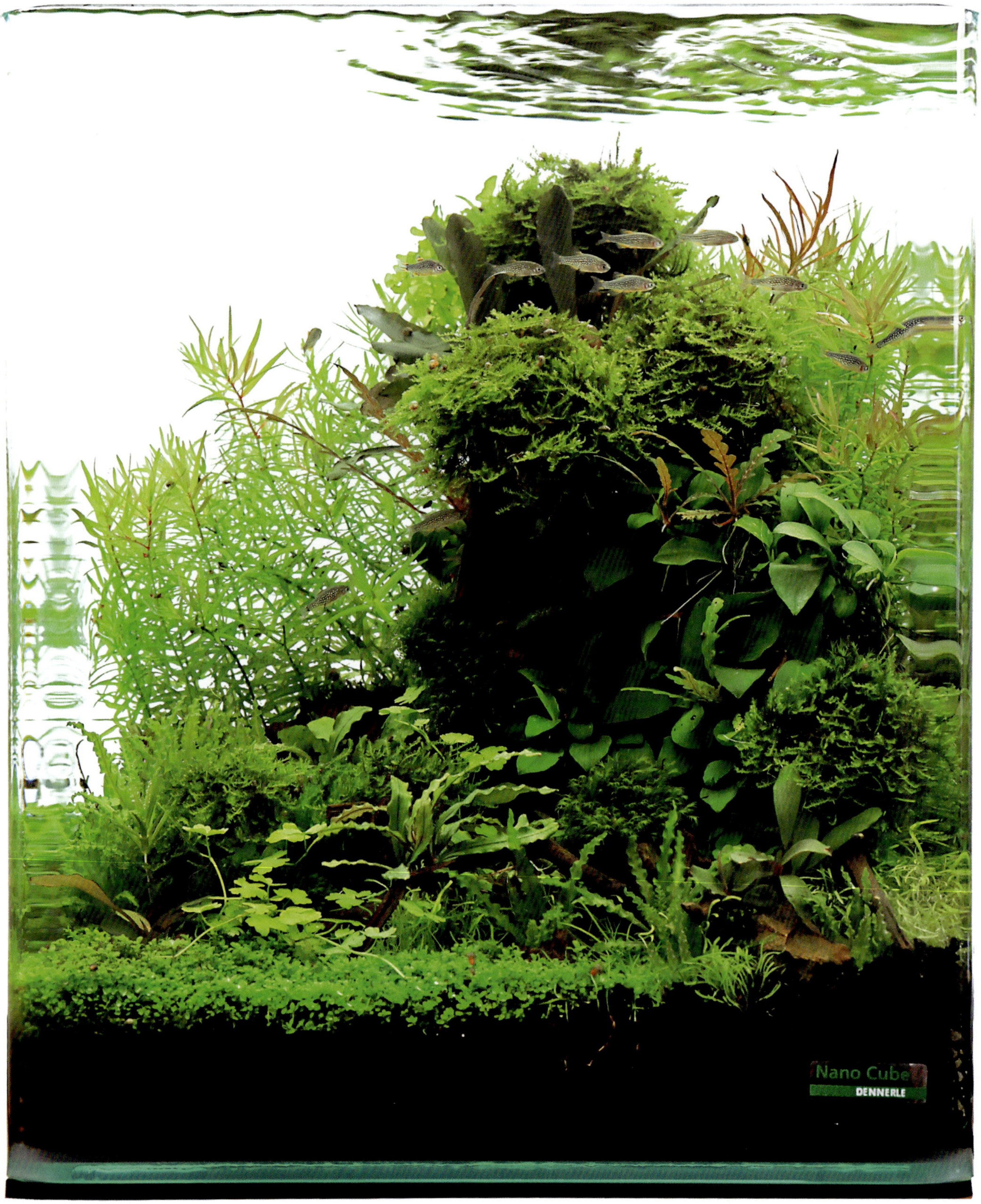
Nano Cube
DENNERLE

A little piece of Nature

Ein Feuerwerk an Pflanzenvielfalt in harmonischer Komposition auf kleinstem Raum! Die fokussierende Wurzel ist kaum noch zu erkennen, fast überall ist das Holz überwuchert und bewachsen. Vielfältige Formen und Farben der Pflanzen bestimmen das Mini-Biotop. Die prächtigen Moospolster haben eine beruhigende Wirkung auf den Betrachter und verbinden die unterschiedlichen Pflanzen zu einer Einheit. Nach einigen Minuten zeigen sich die kleinen Fischlein aus der Gattung Danio. Sie geben dieser Unterwasserlandschaft eine besondere Größenwirkung. An diesem Layout kann man gut die meditative Wirkung eines gelungenen Aquascapes verstehen und erleben. Man möchte es auf den ersten Blick kaum glauben – in diesem Layout wurden 19 Pflanzenarten und -sorten verwendet.

NanoCube 20L (25 x 25 x 30 cm)

Hardscape: Rote Moorwurzel
Bodengrund: Soil

Pflanzen:

[1] Didiplis diandra, [2] Ludwigia arcuata, [3] diverse Bucephalandra-Sorten, [4] Vesicularia dubyana, [5] Fissidens geppii, [6] Anubuas nana 'Bonsai', [7] Pogostemon helferi, [8] Hygrophila pinnatifida, [9] Hydrocotyle cf. tripartita, [10] Utricularia graminifolia, [11] Hemianthus callitrichoides 'Cuba', [12] Rotala spec. 'Grün', [13] Lomariopsis lineata

Weitere Pflanzen (etwas versteckt):

Riccardia chamedryfolia, Microsorum 'Trident', Rotala indica, Marsilea hirsuta, Cryptocoryne petchii 'Pink', Eleocharis pusilla

Tierbesatz:

Danio margaritatus, Caridina multidentata

Adrie Baumann reiht sich nahtlos ein in die junge Riege der Aquascaper in Deutschland. Sein erstes Aquarium hatte Adrie bereits mit 5 Jahren, und seitdem lässt die Aquaristik den mittlerweile 31-jährigen nicht mehr los. Auf das Aquascaping ist er im Jahr 2007 aufmerksam geworden - wie könnte es anders sein, Takashi Amanos Bilder haben den Impuls gegeben.

Seitdem ist Adrie davon gefesselt. 2011 folgte der Schritt vom Hobby zur Selbständigkeit. Adrie ist professioneller Dienstleister in der Aquaristikbranche. Neben Live-Workshops oder Mitarbeiterschulungen im Zoofachhandel stehen natürlich die Einrichtung und Pflege von Aquarien im Vordergrund. Adrie ist Hundebesitzer. Beim täglichen Gassigehen entdeckt er immer wieder neue Inspirationen und Ideen für ein Layout. Die meisten seiner Layouts entstehen aber vor dem inneren Auge, das genaue Betrachten der verschiedenen Hardscapematerialien befeuert seine Vorstellungskraft. Der Blick in seinen Garten verrät hier einiges – es ist deutlich zu sehen, dass Adrie ein Jäger und Sammler ist.

Das Gestalten von Unterwasserlandschaften nach Vorbildern von natürlichen Landschaften außerhalb des Wassers ist etwas ganz Neues in der Aquaristik. Es gab zwar schon früher wundervoll eingerichtete Aquarien, aber das Aquascaping ist eine regelrechte Kunstform von unbändiger Anziehungskraft, betont Adrie. Aquascaping ist aber nicht nur eine Orientierung für eine Elite von wenigen, sondern vielmehr ein Hobby für alle Naturliebhaber, die gerne einen kleinen Ausschnitt aus der Natur zu Hause pflegen möchten. Die Kenntnisse um die Bedürfnisse der Pflanzen müssen dabei immer berücksichtigt werden. Richtiges Licht, die richtige Düngung, richtige Dosierung von CO_2 und nicht zu zimperlich sein, wenn mal ein Rückschnitt bei diversen Pflanzen ansteht – das sind Adries Tipps für Einsteiger. Gerade bei der Düngung gibt es mittlerweile sehr gute Produkte mit einer optimalen Mischung von Mikro- und Makronährstoffen und einer einfachen Anwendungsweise.

Die Frage nach seiner Lieblingspflanze kann Adrie einfach beantworten: „Meine Lieblingspflanze ist derzeit Hygrophila pinnatifida, da man mit ihr fast unbegrenzte Möglichkeiten in der Gestaltung hat. Man kann sie klein halten, groß werden lassen, sie als Bodendecker kultivieren, sie als Hintergrundpflanze verwenden und sie sogar als Aufsitzerpflanze einsetzen. Zudem hat sie ein attraktives Laub und eine tolle Färbung, und sie ist außerdem recht einfach zu pflegen."

Die Anzahl von eingerichteten Aquarien im Adrie Baumanns Zuhause variiert immer sehr stark. Momentan sind 11 Becken in Betrieb, wobei nicht alle im Aquascaping-Stil eingerichtet sind. Sein nächstes Projekt geht in einen anderen Bereich der Aquaristik – ein Meerwasser-Scape!

Scaper Tipp

„Ich würde einem Anfänger immer raten, mit einfacheren Pflanzen zu beginnen und dann zu schauen, ob man daran Gefallen findet. Wenn man dann erfolgreich ist, kann man sich langsam steigern und sich an schwieriger zu pflegende Pflanzen herantasten. Bei der Planung sollte man lieber mehr Zeit als zu wenig investieren. Auch ist es ratsam, so lange zu sparen, bis man das Geld für die benötigte Technik, Bodengrund, Hardscape und Pflanzen etc. zusammen hat. Oft scheitern Scapes daran, dass sie Stück für Stück in Etappen zusammengekauft wurden und dem Besitzer unterwegs die Puste ausging."

Into the Wilderness

Scaper Tank 50 Liter, 45 x 36 x 31 cm (BxTxH)

Volker Jochum

In der Wildnis gibt es keine Wanderwege. Der Besucher taucht ein in ein Meer von Blattgestalten mit üppigem Laubwerk. Alles wird von Pflanzen überwuchert, Felsen und Wurzeln, sogar andere Pflanzen. Die Landschaft wirkt fast undurchdringlich, nur wenige Meter reicht der Blick in die grüne Kulisse. Lange Sichtachsen oder Perspektiven fehlen in einem Dschungel, eine Orientierung ist nur schwer möglich. Die rostbraunen und ornamentalen Blätter der Hygrophila pinnatifida durchbrechen die grünen Farbe der Wildnis, ohne dabei zu dominant oder gar künstlich zu wirken. Das Ineinanderwachsen der unterschiedlichen Pflanzenarten wirkt sehr natürlich und unberührt. In diesem Scape spürt man die unbändige Wuchskraft und Vitalität der Pflanze in einem gesunden Ökoystem.

Hardscape: Lavastein, rote Moorwurzel
Bodengrund: Deponit-Nährboden

Pflanzen
1) Rotala indica 2) Hydrocotyle cf. tripatita 3) Hygrophila pinnatifida 4) Anubias nana Bonsai 5) Helanthium tenellum 'Broad Leaf' 6) Fissidens geppii 7) Taxiphyllum barbieri 8) Riccardia chamedryfolia

Tierbesatz
Hypessobrycon amandae, Caridina multidentata,
Caridina cf. cantonensis „Crystal Red"

76 . AQUASCAPING Guide

Place of Harmony

Der Besucher der Wildnis verlässt das fast undurchdringliche Pflanzendickicht, die Landschaft wird offener und lädt zum Verweilen ein. Ein Ort der Harmonie und Entspannung. Lianenartig wirken die alten abgestorbenen Wurzeln eines Baumriesen aus längst vergangenen Tagen. Eine neue Generation Pflanzen erobert das Wurzelholz und prägt diese Landschaft mit anderen Blattformen und -farben. Der unaufhörliche Kreislauf vom Tod und Leben prägt dieses Layout. Totes Pflanzenmaterial wird zersetzt und dient einer neuen Pflanzengeneration als Nahrungsgrundlage. Bei diesem Layout sind es vor allem die überwachsenen Wurzeln, die der Landschaft einen fast märchenhaften Ausdruck verleihen.

NanoCube 20L (25 x 25 x 30 cm)

Hardscape: Korkrinde, rote Moorwurzel
Bodengrund: Deponit-Nährboden

Pflanzen

[1] Hygrophila pinnatifida [2] Helanthium tenellum 'Broad Leaf' [3] Anubias nana 'Bonsai' [4] Marsilea hirsuta [5] Fissidens geppii [6] Taxiphyllum barbieri [7] Bucephalandra motleyana spec. [8] Riccardia chamedryfolia

Tierbesatz

Caridina cf. cantonensis 'Crystal Red'

Was hat Mountainbiking mit Aquascaping zu tun? Im ersten Moment eigentlich nichts, aber für Volker war diese Kombination der „Stein des Anstoßes". Ein Mitarbeiter von Dennerle besuchte das Fahrradfachgeschäft, in dem Volker als gelernter Fahrradmechaniker arbeitet. Durch Zufall kam man auf das Thema Aquaristik und dass man jemanden suchte, der bei Dennerle die Pflege der Schauaquarien übernehmen könnte. Volker überlegte nicht lange – zweimal in der Woche vormittags – das passte in seinen zeitlichen Ablauf ... und dann ging alles recht schnell.

Viele Ideen für seine Layouts sammelt der ehemalige Mountainbikeprofi bei seinen Zweiradtouren durch den Pfälzer Wald. Da kommt es schon manchmal zu der einen oder anderen Vollbremsung ... ein schön bewachsener Fels mit Wurzeln und Moosen zwingt ihn immer zum Absteigen.

Volker hat schnell erkannt, dass man die Natur mit nach Hause nehmen kann. „Im Wald mit dem Mountainbike und dem Fotoapparat unterwegs zu sein, Bilder von schönen Landschaften machen und diese dann im Aquarium naturgerecht umzusetzen – das ist die Faszination beim Aquascaping", erklärt Volker. Bei seinen Layouts verwendet Volker auch gerne als Hardscape Buntsandstein aus dem Pfälzer Wald. Diese Gesteinsart wird im Aquascaping sehr selten verwendet, ist aber nichtsdestotrotz hervorragend für den Aufbau von Felsformationen jeglicher Art geeignet. Der Buntsandstein aus seiner Region besteht mehr oder weniger aus gepressten Sandkörnern aus Quarz. Er ist daher wasserneutral und härtet das Wasser nicht auf. Neben dem heimischen Gestein gehören auch Mini-Landschaft und Seegebirge zu seinen Lieblingssteinen. Das relativ neue Talawa-Wood verwendet Volker ebenso gerne wie die rote Moorwurzel. Gerade diese Wurzelsorte zerlegt Volker oft in viele Einzelstücke und gestaltet neue Kompositionen aus Felsen und Wurzeln. Es ist die Liebe zum Detail, die ihn vollkommen die Zeit vergessen lässt, sodass er oft stundenlang an einem Hardscape arbeitet. Hygrophila pinnatifida ist Volkers Lieblingspflanze. Er verwendet diese besondere Stängelpflanze als Aufwuchspflanze auf Steinen und Wurzeln. Dabei ist ein regelmäßiger Rückschnitt notwendig. So entsteht eine regelrechte Bonsaiform. Es gibt wenige Layouts von Volker, wo man keinen seiner Lieblinge findet.

Scaper Tipp

Nährboden ist ein wichtiger Bestandteil der Ernährung der Pflanzen im Aquarium. Eine Schichthöhe von ca. 6-10 cm je nach Aquariengröße ist empfehlenswert. Bei einem sehr steilen und hohen Aufbau des Bodengrundes im Hintergrund ist eine schichtförmige Anordnung von Nährboden und Kies zu empfehlen. So bleibt die lockere Struktur durch die Kiesschicht erhalten, der Boden ist atmungsaktiver. Als Sandwichsystem bezeichnet Volker seinen Bodengrundaufbau, mit dem er gute Erfahrungen gesammelt hat. So können auch zarte Pflanzen in „luftiger" Höhe eingepflanzt werden und gelangen dennoch sehr rasch mit den Wurzeln in den Nährboden.

Foto Jurijs Jutjajevs

Spring Time

Scaper Tank 50 Liter, 45 x 36 x 31 cm (BxTxH)

Jurijs Jutjajevs

Die Frühlingszeit ist in unseren Breitengraden ein immer wiederkehrendes Ereignis von besonderer Intensität. Nach einem langen und dunklen Winter werden die ersten Anzeichen in der Natur sehnsüchtig erwartet.

Manchmal sind es nur wenige milde Tage im März und April, die das Erwachen der Natur ermöglichen und auch beschleunigen. Der Höhepunkt des Frühlings ist der Mai. Die Wuchskraft der Pflanzen ist nicht zu übersehen. Überall leuchten die frischen hellgrünen Blätter der vielfältigen Pflanzen, die unterschiedlichen Vogelstimmen bekräftigen die Frühlingsstimmung. Was gibt es Schöneres, als an einem warmen Maitag zu wandern und die Natur zu erleben. Der hellgrüne Teppich der bodenbedeckende Hemianthus und das frische Grün der Rotala im Hintergrund vermitteln diesen intensiven Frühlingcharakter in beindruckender Weise.

Hardscape: Basalt Kiesel, Rote Moorwurzel
Bodengrund: Soil

Pflanzen
1) Hemianthus callitrichoides „Cuba" 2) Eleocharis acicularis 3) Cryptocoryne wendtii C 421 4) Anubias nana 'Bonsai' 5) Riccardia chamedryfolia 6) Rotala sp. 'Grün' 7) Ludwigia arcuata 8) Microsorum pteropus 'Trident'

Tierbesatz
Caridina cf. cantonensis 'Biene', Clithon sp., Otocinclus 'Negro', Tyttocharax cochui, Corydoras habrosus

Jurijs wurde 1987 in Riga geboren und ist seit 1998 begeisterter Aquarianer. Wie so viele begann auch er mit dem typischen 60-cm-Einsteigerset. Im Laufe der Jahre haben sich dann die Größen und Formen der Aquarien geändert. Den Einstieg in das Aquascaping fand er im Jahr 2007 über das Forum aquascapingworld.com im Internet.

Mittlerweile ist er der Leiter dieses Internetportals. "Ich glaube, das nennt man einen internen Aufstieg", gibt Jurijs lächelnd zu. Fotografieren, Workshops, die Veröffentlichung von Artikeln in Magazinen und die Funktion als Juror bei nationalen und internationalen Wettbewerben gehören zu seinen umfangreichen Tätigkeiten in der Aquascapingszene.

Die Inspiration für seine Layouts bezieht er aus einem Konglomerat von Erfahrungen und Ereignissen kombiniert mit Bildern aus der Natur. Aber auch die Arbeiten anderer Aquascaper beeinflussen die Entstehung von neuen Ideen und deren Umsetzung. Nach seiner Meinung ist nichts Schlimmes daran, sich von anderen Arbeiten inspirieren zu lassen – nur nachahmen sollte man sie nicht, denn die Kopie wird nie so gut wie das Original. Daher ist es die Vielfalt an unterschiedlichen Quellen, die letztendlich für Jurijs Ideen ausschlaggebend ist.

Durch seine Tätigkeit als Jurymitglied bei Wettbewerben sieht er oftmals die Unterschiede zwischen europäischen und asiatischen gestalteten Aquarien. Viele europäische Aquascaper sind stark durch die hiesige Garten- und Landschaftsgestaltung geprägt. So findet man häufig sauber voneinander getrennte Pflanzengruppen, die insbesondere bei Holländischen Aquarien üblich sind. Außerdem fehlt dem Europäer meist die Geduld, alles muss schnell gehen. Jurijs bewundert daher die Detailverliebtheit und Geduld, die in vielen asiatischen Scapes sichtbar wird. Nach seiner Meinung haben viele Asiaten einen stärkeren Bezug zur Natur, so findet man dort in fast jedem Haushalt mindestens einen Bonsai und ein Aquarium. Aber nach und nach wandeln sich die europäischen Gestaltungen. Wegweisend dafür sind mit Sicherheit die internationalen Wettbewerbe wie der IAPLC.

Aufgrund seiner vielfältigen Tätigkeiten ist die Anzahl der Aquarien, die Jurijs pflegt, sehr unterschiedlich. Nicht jedes Aquarium wird zu Fotozwecken eingerichtet, zur Zeit sind auch Testbecken für Filtermaterialien in Betrieb sowie Zuchtbecken für Garnelen. Auch das eine oder andere seltene Pflänzchen wächst in einem Hälterungsaquarium. Als nächstes Projekt ist ein Meerwasseraquarium in Planung – da gibt es noch vieles zu lernen.

NanoCube 10L (20 x 20 x 25 cm)

Hardscape: Bonsai Dekor, Versteinertes Laub
Bodengrund: Soil

Pflanzen
[1] Vesicularia montagnei 'Christmas Moss' [2] Fissidens fontanus
[3] Riccardia chamedryfolia

Tierbesatz
Boraras brigittae, Caridina cf. cantonensis 'Biene', Geweihschnecke

Scaper Tipp

Pflanzen wollen geliebt werden – wer den grünen Daumen hat, braucht keine strikten Regeln: Derjenige sieht, ob es den Pflanzen gut geht, oder ob ihnen etwas fehlt. Regelmäßige Wasserwechsel und ständige Pflege statt einmaligen schweren Eingriffen sind nach Jurijs' Meinung der Schlüssel zum Erfolg.

Seine momentanen Lieblingspflanzen sind Rotala indica (Ammannia 'Bonsai') und Anubias nana 'Bonsai'. Aufgrund ihrer geringen Größe und ihres kompakten Wuchses sind sie geradezu ideal für kleinere Aquarien geeignet.

Beide können gut als Pflanze für den Mittelgrund und für Übergänge verwendet werden, und sie sind einfach in der Pflege und daher ideal auch für Einsteiger ins Hobby Aquascaping geeignet.

Between the Trees

Scaper Tank 50 Liter, 45 x 36 x 31 cm (BxTxH)

Stefan Hummel

Die Inspiration zu diesem Layout ist durch die Plantahunter-Tour in Florida beeinflusst worden. Wer denkt nicht sofort an die Everglades, wenn der Name Florida fällt?

Chris und ich hatten uns aber den nördlichen Teil vom Sunshine States ausgesucht, um die zahlreichen zum Teil kristallklaren Quellgebiete dort zu erforschen. Die Winterjahreszeit war gut gewählt – keine Touristen und Badegäste weit und breit. Eine dominierende Baumart ist hier die Sumpfzypresse Taxodium distichum. Vielfach wachsen die Bäume in Flachwassergebieten in eindrucksvoller Anmut und Erhabenheit. Charakteristisch für die Sumpfzypresse ist die Verbreiterung des Stammumfanges an der Basis.

Im Quellgebiet von Gainer Springs hatten wir die Gelegenheit, diese wunderschönen Bäume aus der Fischperspektive zu beobachten und zu fotografieren.

Hardscape: versteinertes Laub, Talawawood
Bodengrund: Deponit-Nährboden

Pflanzen
1) Hemianthus micranthemoides 2) Juncus repens 3) Didiplis diandra 4) Taxiphyllum spec. 'Bonito Moos' 5) Helanthium tenellum 6) Eleocharis pusilla 7) Taxiphyllum barbieri 8) Elantine hydropiper

Tierbesatz
Nannostomus marginatus, Poecilia reticulata, Caridina multidentata

Wasserpflanzen und Sumpfpflanzen an ihren heimatlichen Standorten zu erforschen ist jedes Mal wieder ein Erlebnis. Unbeschreiblich schön und immer wieder ein Höhepunkt ist die Beobachtung unter Wasser. Die Stimmung dort ist so ungewohnt anders, dass es schwer fällt, atemberaubende Unterwasserlandschaften mit Worten zu beschreiben.

Mit einem Aquascape kann man eine derartige Stimmung in einer Miniaturausgabe im Aquarium gut nachempfinden. In dem Beispiel „Between the Trees" geht es in erster Linie um den besonderen Charakter der Bäume und nicht um eine originale Nachbildung des Habitats.

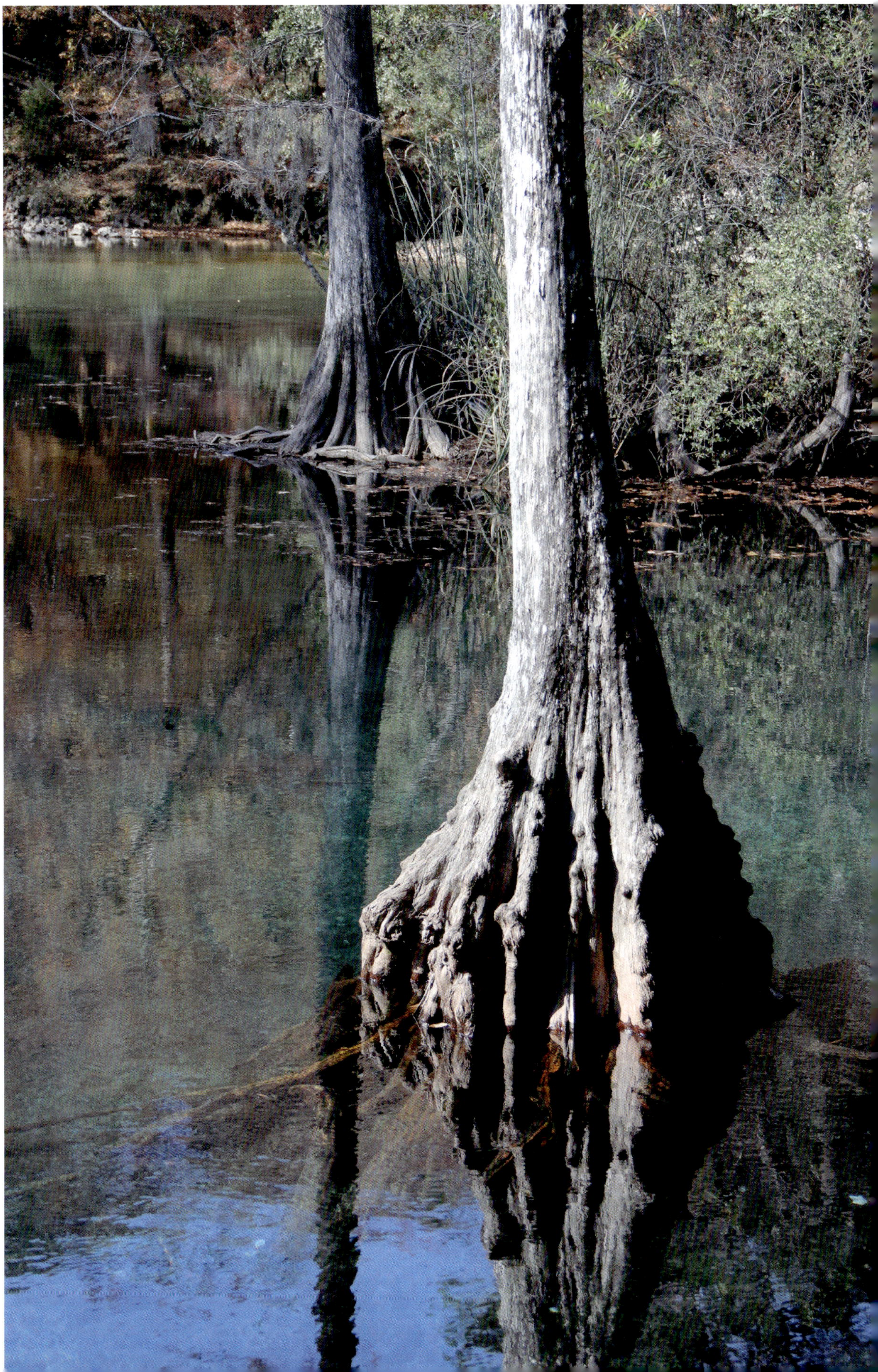

„Aquarien-pflanzen für das Gestalten eines Natur-aquariums"

PFLANZEN

Wir haben 51 verschiedene Pflanzen beschrieben, die im Aquascaping sehr beliebt sind.

Prinzipiell sind alle Aquarienpflanzen für das Gestalten eines Naturaquariums geeignet. Eine wichtige Rolle spielt dabei die Beckengröße für die Auswahl der Pflanzen.

Großblättrige Arten wie *Echinodorus*, *Hygrophila* und einige *Anubias*-Arten kommen erst in Aquarien ab 200 cm Länge gut zur Geltung und ermöglichen eine gute Darstellung einer Naturlandschaft außerhalb des Wassers. Die beliebtesten Arten sind deshalb eher feingliedrig und grazil. Auch farbige Pflanzen werden gerne verwendet, hier muss man aber besonders auf die Harmonie mit den Nachbarpflanzen achten. Schnell wirkt eine zu dominante rote Pflanze zu unruhig und unnatürlich. Eine besondere Bedeutung kommt den vielfältigen Moossorten zu. Sie geben einer Miniaturlandschaft einen besonderen Reiz, wenn Steine und Wurzeln mit Moos bewachsen sind. Die filigranen Thalluskörper oder Moosblättchen sind geradezu ideal für eine natürliche und harmonische Wirkung.

Wir haben 51 verschiedene Pflanzen beschrieben, die im Aquascaping sehr beliebt sind. Darunter sind aber auch einige Neuheiten wie die *Staurogyne spec.* 'Porto Vehlo' oder die feingliedrige *Limnophila spec.* 'Vietnam'. In den nächsten Jahren kommen mit Sicherheit noch weitere Neuheiten hinzu, die den „Pflanzenfreak" begeistern werden.

Die Anordnung und Komposition verschiedenartiger Pflanzen im Aquarium ist eine Kunstform besonderer Art. Der Geschmack ist bekanntermaßen verschieden, dennoch gelingt es einigen Aquascapern immer wieder, einen faszinierenden Kosmos im Kleinformat darzustellen. Die Harmonie von Hardscape (Steine und Wurzeln) und Softscape (Pflanzen) spielt dabei die wesentliche und entscheidende Rolle.

Alternanthera reineckii 'Mini'

Die Papageienblätter der Gattung *Alternanthera* werden meist in klassischen Einrichtungsstilen wie z.B. beim Holland-Aquarium eingesetzt. Die neue Zwergform *Alternanthera reineckii 'Mini'* bietet neue Möglichkeiten der Gestaltung. Durch die geringe Wuchshöhe von nur 20 cm ist sie eine gute Vordergrundpflanze. Ihre Wachstumsgeschwindigkeit ist gering, und durch häufigeres Beschneiden kann man sie auch noch kürzer kultivieren. Durch die intensive rotbraune Färbung kann man schöne Farbakzente setzen. Besonders eindrucksvoll wirkt das kleine Papageienblatt in einer Wiese von *Hemianthus callitrichoides* oder in Kombination mit *Staurogyne* oder *Glossostigma*. Gute Beleuchtung und eine gute CO_2-Versorgung garantieren einen herrlichen Wuchs.

Bestellnummer 970 PG 4/A03

MEDIUM

Gattung: *Alternanthera* **Art:** *reineckii 'Mini'* **Familie:** *Amaranthaceae* **Heimat:** Zuchtform **Standort/Höhe:** Vordergrund bis 10 cm **Licht:** viel bis mittel **Temperatur:** 22–28 °C **Wachstum:** langsam **pH:** 5–8 **Härtegrad:** weich bis hart **CO_2:** 20–30 mg/l **Vermehrung:** Kopfsteckling, Seitentriebe

Aegagrophila linnaei

In den 70ern des letzten Jahrhunderts gelangten die ersten „Moosbälle" in den Handel. Richtig beliebt wurden sie aber durch den Garnelentrend der letzten Jahre. Zwerggarnelen lieben die kugelförmige Grünalgenart als Fress- und Tummelplatz. Aber auch im Aquascaping kann man diese Alge attraktiv verwenden und wunderschöne Layouts mit ihr gestalten. Spielend leicht lässt sich ein Algenball in kleine Stücke oder Streifen zerschneiden. Diese Teilstücke sind ideale „Lückenfüller" in Spalten und Löchern von Steinen und Wurzeln. So entstehen sehr natürliche Landschaftsimpressionen. In der Pflege ist *Aegagrophila* sehr einfach und problemlos. Die Wachstumsgeschwindigkeit ist extrem langsam – nur wenige Millimeter im Jahr!

Bestellnumer 364 PG25/A40

EASY

Gattung: *Aegagrophila* **Art:** *linnaei* **Familie:** *Cladophoraceae* **Heimat:** Osteuropa, Ostasien, Japan **Standort/Höhe:** Vordergrund bis 10 cm **Licht:** mittel bis gering **Temperatur:** 10–26 °C **Wachstum:** sehr langsam **pH:** 6–8,5 **Härtegrad:** mittel bis sehr hart **CO_2:** 0–10 mg/l **Vermehrung:** Teilung

Ammannia gracilis

Ammannia gracilis, auch Große Cognacpflanze genannt, ist in der Aquaristik schon lange bekannt. Aufgrund ihrer prächtigen Farbe hat diese Pflanze durch das Aquascaping wieder einen höheren Beliebtheitsgrad erlangt. Das Bewusstsein, dass farbige Pflanzen einen höheren Licht- und auch Nährstoffbedarf benötigen, ist mittlerweile stark verbreitet und bekannt. Die Heimat der *Ammannia* sind sumpfige Gebiete in Flussnähe und Überschwemmungsgebiete in Westafrika. Ihre emersen Blätter sind einfarbig grün, die submersen Blätter sind jedoch je nach Beleuchtung und Nährstoffangebot rotbraun (cognacfarben) bis intensiv rot gefärbt. In größeren Aquarien sind Gruppen von *Ammannia gracilis* mit anderen grünen Pflanzen im Mittel- bis Hintergrund ein echter Blickfang.

Bestellnummer 119 PG 4/A08

MEDIUM

Gattung: *Ammannia* **Art:** *gracilis* **Familie:** *Lythraceae* **Heimat:** Senegambia **Standort/Höhe:** Hintergrund bis 60 cm **Licht:** viel bis mittel **Temperatur:** 22–28 °C **Wachstum:** schnell **pH:** 5–8 **Härtegrad:** weich bis hart **CO_2:** 20–30 mg/l **Vermehrung:** Kopfsteckling, Seitentriebe

Anubias barteri var. nana 'Bonsai'

Das Zwergspeerblatt gehört wohl zu den beliebtesten Aquarienpflanzen. Beim Aquascaping ist diese Pflanze eher für größere Layouts geeignet. Die nana-Varietät 'Bonsai' eignet sich allerdings geradezu ideal für kleinere und filigrane Gestaltungen. Ihre Blätter bleiben mit einer Länge von 2 bis 3 cm und einer Breite von 1,5 cm deutlich kleiner. Wie bei allen Speerblättern ist die Kultur recht einfach. Das liegt wohl am langsamen Wachstum und der doch mehr oder weniger gleichen Wuchsform über und unter Wasser. Auf Wurzeln und Steinen aufgewachsen macht das 'Bonsai'-Speerblatt eine besonders gute Figur. Auf freistehenden Wurzeln bilden sich attraktive Wurzelbärte mit lianenartigem Charakter.

Bestellnummer 744 PG8/A21.3

Gattung: *Anubias* **Art:** *barteri var. nana 'Bonsai'* **Familie:** *Araceae* **Heimat:** Zuchtform **Standort/Höhe:** Vordergrund bis 5 cm **Licht:** mittel bis gering **Temperatur:** 22–28 °C **Wachstum:** sehr langsam **pH:** 5–9 **Härtegrad:** sehr weich bis sehr hart CO_2: 0–10 mg/l **Vermehrung:** Seitensprosse am Rhizom

EASY

Blyxa japonica

Blyxa japonica gehört zu den „echten" Wasserpflanzen, das heißt, sie kann nur untergetaucht leben und ist daher immer nur in der submersen Unterwasserform im Handel erhältlich. Takashi Amano hat diese grazile Schönheit in vielen seiner Layouts verwendet und sie dadurch recht bekannt gemacht. In der Kultur ist sie gar nicht so schwierig, wenn man einige wichtige Punkte beachtet. Gute Beleuchtung, eine ausreichende CO_2-Zufuhr und ausgewogene Nährstoffversorgung sind Garanten für ein prächtiges Wachstum. Sie bildet dichte und kompakte Büsche bis ca. 15 cm Höhe. Im Übergangsbereich von Vorder- und Mittelgrund kann man schöne Akzente und einen guten Stufeneffekt erzielen. *Blyxa* wächst eher langsam, daher ist der Pflegeaufwand gering.

Bestellnumer 342 PG5/B70

Gattung: *Blyxa* **Art:** *japonica* **Familie:** *Hydrocharitaceae* **Heimat:** Ostasien **Standort/Höhe:** Vordergrund bis 15 cm **Licht:** viel **Temperatur:** 22–28 °C **Wachstum:** mittel **pH:** 5–7 **Härtegrad:** weich bis mittelhart CO_2: 20–30 mg/l **Vermehrung:** Seitentriebe

MEDIUM

Bolbitis heudelotii

Neben dem bekannten Javafarn *Microsorum* ist auch der Kongo-Wasserfarn eine schöne Pflanze für Gestaltungen im Aquascaping. An ihren Naturstandorten findet man diese Farnpflanze oft auf Wurzeln und Steinen im Spritzwasserbereich von Flüssen und Bächen. Die Überwasserblätter sind recht hartblättrig und mattgrün, Unterwasserblätter hingegen sind leuchtend flaschengrün und herrlich transparent. Aufgebunden auf Wurzeln in Kombination mit diversen Moosen und Cryptocorynen ergeben sich einzigartige „Dschungelimpressionen". Weiches Wasser wird bevorzugt, ebenso eine gute Wasserbewegung. Das regelmäßige Entfernen von zu großen Wedeln begünstigt eine kompakte Wuchsform.

Bestellnummer 905 PG 6/B55

Gattung: *Bolbitis* **Art:** *heudelotii* **Familie:** *Lomariopsidaceae* **Heimat:** Zentralafrika **Standort/Höhe:** Mittelgrund bis 40 cm **Licht:** mittel bis gering **Temperatur:** 22–28 °C **Wachstum:** langsam **pH:** 5–7 **Härtegrad:** weich bis mittelhart CO_2: 20–30 mg/l **Vermehrung:** Teilung des Rhizoms

EASY

Cryptocoryne wendtii „C421"

Pflegeleicht, robust und besonders dekorativ – so kann man die beliebte *Cryptocoryne wendtii* bezeichnen. Wie auch bei *Cryptocoryne parva* ist die Heimat Sri Lanka in Gewässern mit mittelhartem bis hartem Wasser. Es gibt innerhalb der Art etliche Wuchstypen mit unterschiedlicher Farbausprägung und Blattform. Die Sorte 'C421' bildet attraktive schokoladenbraune Blattspreiten, die kontrastreich eingesetzt werden können. Mit einer Wuchshöhe bis max. 15 cm ist diese Sorte gut für den Vorder- bis Mittelgrund geeignet. *Cryptocorynen* werden zwar beim Aquascaping nicht so oft verwendet wie Stängelpflanzen, teppichartige Pflanzen oder Moose. Dennoch kann man mit dem rosettenartigen Wuchs sehr harmonische Unterwasserlandschaften gestalten.

Bestellnummer 437 PG 5/C421

EASY **Gattung:** *Cryptocoryne* **Art:** *wendtii „C421"* **Familie:** *Araceae* **Heimat:** Sri Lanka **Standort/Höhe:** Vordergrund 10–15 cm **Licht:** viel bis mittel **Temperatur:** 20–28 °C **Wachstum:** langsam **pH:** 5–8 **Härtegrad:** sehr weich bis hart **CO_2:** 10–20 mg/l **Vermehrung:** Ausläufer

Cryptocoryne parva

Cryptocorynen haben ihren ganz eigenen Wuchscharakter. Dadurch bilden sie einen schönen Kontrast zu den Wuchsformen anderer Pflanzen in einem Layout. Ein regelrechter Zwerg unter den Wasserkelchen ist jedoch *Cryptocoryne parva*. Ihre Heimat ist das zentrale Hochland von Sri Lanka, wo sie dichte Bestände an Fluss- und Bachufern bildet. Das Wachstum im Aquarium ist extrem langsam – man muss schon etwas Geduld und Zeit für das Layout aufbringen. Gerade für kleinere Aquarien ist sie aber eine echte Bereicherung für den Vordergrund. Eine gute Beleuchtung und CO_2 sind Vorrausetzung für ein optimales Wachstum. Sollten die Blätter einmal Schaden nehmen, ist ein Rückschnitt jederzeit möglich, und die Pflanze treibt rasch neue Blattspreiten nach.

Bestellnummer 646 PG 5/C340

MEDIUM **Gattung:** *Cryptocoryne* **Art:** *parva* **Familie:** *Araceae* **Heimat:** Zentrales Sri Lanka **Standort/Höhe:** Vordergrund 5–10 cm **Licht:** viel bis mittel **Temperatur:** 22–28 °C **Wachstum:** sehr langsam **pH:** 5–8 **Härtegrad:** sehr weich bis hart **CO_2:** 10–20 mg/l **Vermehrung:** Ausläufer

Didiplis diandra

Eine besonders farbenprächtige Stängelpflanze ist *Didiplis diandra* aus den USA. Die submersen nadelförmigen Blättchen sind kreuzweise gegenständig angeordnet und geben der Pflanze ein besonders graziles Aussehen. Bei guter Beleuchtung und guter Nährstoffversorgung zeigen sich wunderschöne Farben. Eine CO_2-Gabe führt zu deutlich besserem und schnellerem Wuchs. Auch die Versorgung mit Eisen und Mikronährstoffen sollte gewährleistet sein, damit man die volle Farbenpracht dieser Pflanze im Aquarium bestaunen kann. *Didiplis* bildet einen schönen Kontrast zu rein grünen Stängelpflanzen wie z.B. *Rotala sp.* 'Grün' oder ergänzt andere farbige Pflanzen. Je nach Aquariengröße kann die Pflanze im Mittel- bis Hintergrund platziert werden.

Bestellnummer 658 PG 4/D10

MEDIUM **Gattung:** *Didiplis* **Art:** *diandra* **Familie:** *Lythraceae* **Heimat:** Östliches Nordamerika **Standort/Höhe:** Mittelgrund bis 40 cm **Licht:** viel bis mittel **Temperatur:** 20–26 °C **Wachstum:** mittel **pH:** 5–8 **Härtegrad:** sehr weich bis mittel **CO_2:** 20–30 mg/l **Vermehrung:** Kopfsteckling

Echinodorus grisebachii 'Tropica'

Die Herkunft dieser kleinbleibenden *Echinodorus*-Art ist unbekannt. Vermutlich ist sie durch Mutation in einem Pflanzenbestand in Asien entstanden. Viele *Echinodorus*-Arten sind aufgrund ihrer Wuchshöhe und Blattgröße für das Aquascaping eher ungeeignet. Diese Sorte bildet aber eine Ausnahme. Sie wirkt besonders kontrastreich zwischen filigraneren Pflanzen. Sie wächst recht langsam, ihre Wuchshöhe beträgt bis 10 cm. Für ein gesundes Wachstum sind ein nährstoffreicher Bodengrund sowie eine gute Beleuchtung notwendig. Der Pflegeaufwand ist recht gering, lediglich ältere Blätter im äußeren Bereich der Rosette werden entfernt. In größeren Layouts sollte diese kleinbleibende *Echinodorus* in einer Gruppe von 3–5 Pflanzen platziert werden.

Bestellnumer 456 PG/E137

Gattung: *Echinodorus* **Art:** *grisebachii 'Tropica'* **Familie:** *Alismataceae* **Heimat:** Zuchtform **Standort/Höhe:** Vordergrund 5–10 cm **Licht:** viel bis mittel **Temperatur:** 22–28 °C **Wachstum:** langsam **pH:** 5–8 **Härtegrad:** weich bis hart CO_2: 20–30 mg/l **Vermehrung:** Adventivpflanzen am Blütenstiel

MEDIUM

Eleocharis acicularis

Die Nadelsimse gehört zur Familie der Sauergrasgewächse (*Cyperaceae*). Sie ist ein Kosmopolit, der auf allen Kontinenten vorkommt. Besiedelt werden meist die Uferbereiche von Seen, Tümpeln und Flüssen. In Asien ist diese Graspflanze oft in den Reisfeldern anzutreffen. Mit einer Wuchshöhe bis 15 cm wird die Nadelsimse meist im Vorder- und Mittelgrund verwendet. Die haarfeinen Halme wirken sehr filigran und zart und vermitteln einen Wiesencharakter. Bei intensiver Beleuchtung und regelmäßigem Rückschnitt bleibt der Bestand besonders kompakt und kurz. *Eleocharis* wird öfters in Kombination mit einen schönen Stein-Hardscape als alleinige Pflanze in einem Layout verwendet. Dies hat eine ganz besondere Wirkung und Anmut.

Bestellnummer 492 PG4/E300

Gattung: *Eleocharis* **Art:** *acicularis* **Familie:** *Cyperaceae* **Heimat:** Kosmopolit **Standort/Höhe:** Vordergrund bis 15 cm **Licht:** viel bis mittel **Temperatur:** 20–28 °C **Wachstum:** mittel **pH:** 5–8 **Härtegrad:** sehr weich bis hart CO_2: 10–20 mg/l **Vermehrung:** Ausläufer

EASY

Elantine hydropiper

Diese kleine Pflanze ist erst seit wenigen Jahren im Handel. Sie stellt eine schöne Alternative zu anderen Bodendeckern wie *Hemianthus* oder *Glossostigma* dar. Etwas ähnelt sie sogar dem australischen Zungenblatt *Glossostigma*, bildet aber deutlich kleinere Blättchen und ist auch im Wachstum sehr viel langsamer. Besonders für kleinere Layouts ist diese grazile Neuheit bestens als Vordergrundpflanze geeignet. In der Natur wächst *Elantine hydropiper* in schlammigen Bereichen von langsam fließenden oder stehenden Gewässern. Die Pflanze ist sehr temperaturtolerant und somit auch gut für unbeheizte Aquarien geeignet. Dies hat einen einfachen Grund – ihre natürliche Verbreitung liegt in der gemäßigten Klimazone von Europa und Asien.

Bestellnummer 138 PG5/E50

Gattung: *Elantine* **Art:** *hydropiper* **Familie:** *Elantinaceae* **Heimat:** Europa, Sibirien, Nord-China **Standort/Höhe:** Vordergrund 1–2 cm **Licht:** viel bis mittel **Temperatur:** 10°–26 °C **Wachstum:** mittel **pH:** 6,5–7 **Härtegrad:** weich – mittelhart CO_2: 20–30 mg/l **Vermehrung:** Ausläufer, Teilung

MEDIUM

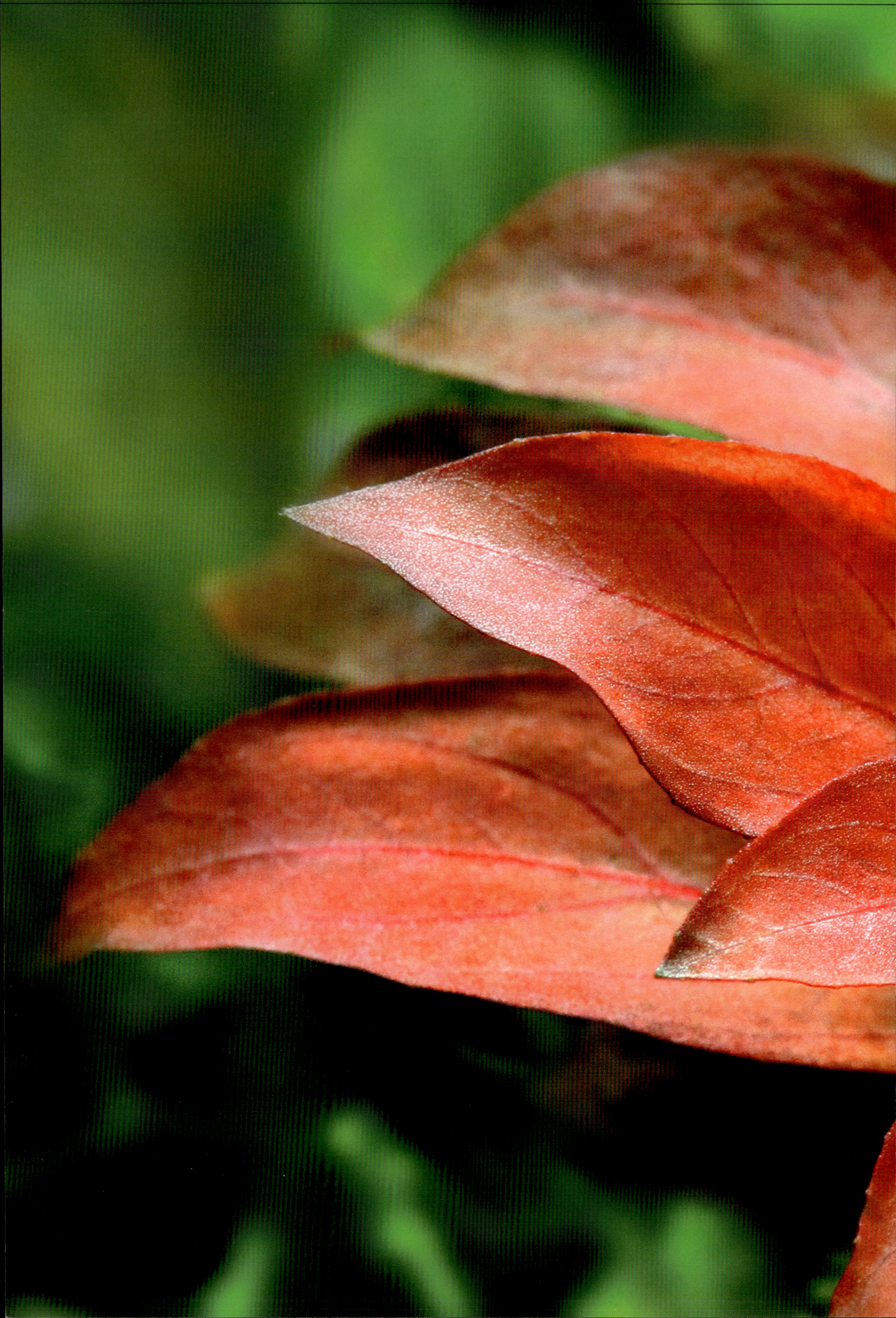

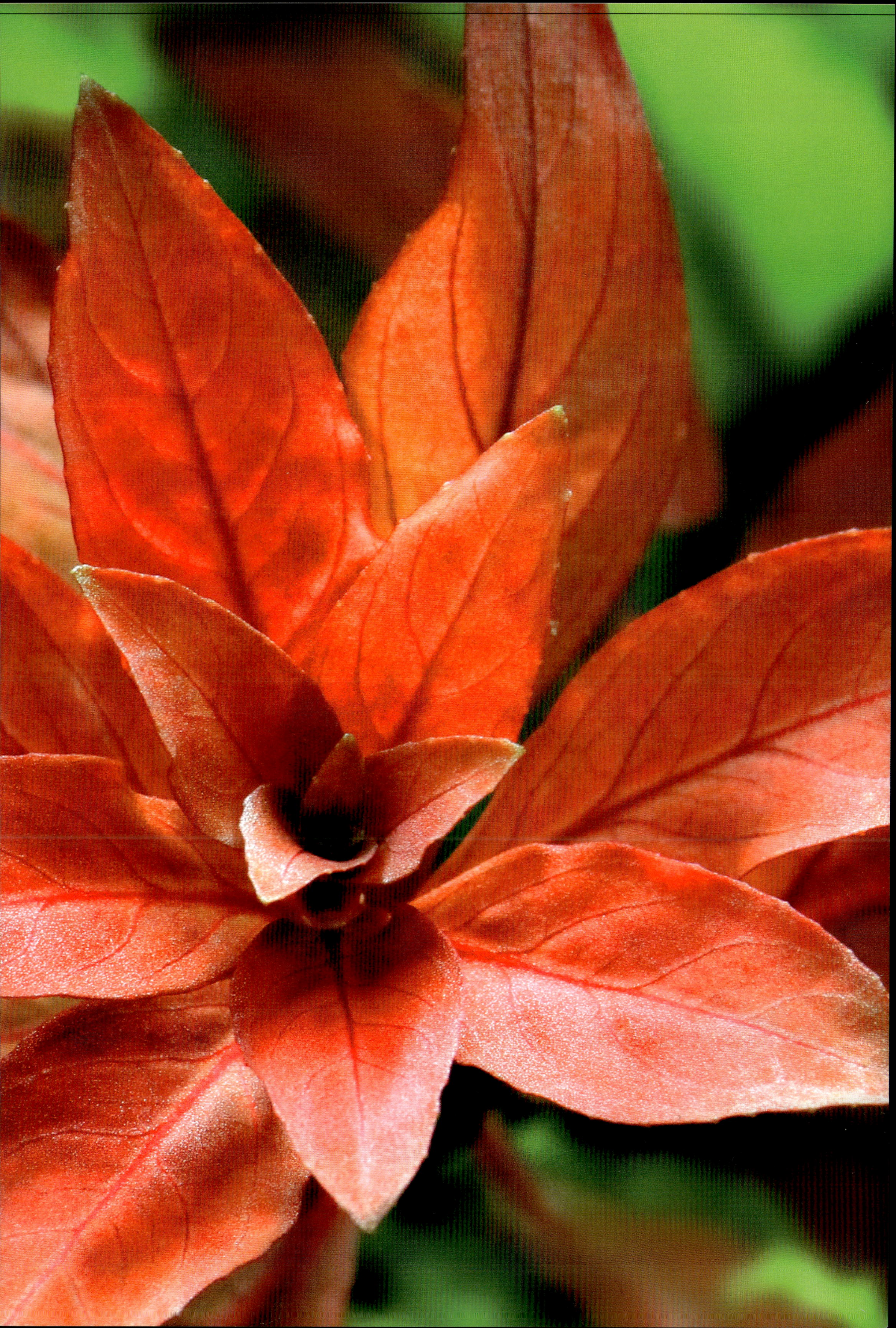

Eleocharis pusilla

Die Zwergnadelsimse *Eleocharis pusilla* ist in Australien und Neuseeland beheimatet und besiedelt dort Feuchtgebiete mit unterschiedlichen Wasserständen. Die Wuchshöhe ist im Unterschied zur *Eleocharis acicularis* deutlich kürzer, meist nur wenige Zentimeter hoch. Ein weiteres Unterscheidungsmerkmal sind die hellgrünen, leicht gebogenen Halme der Zwergnadelsimse. Optimal wächst diese Graspflanze im kühleren Wasser, permanent höhere Temperaturen über 25 °C verträgt sie nicht. Für Stein-Layouts im Iwagumi-Stil ist diese zarte Schönheit hervorragend geeignet für die Darstellung einer frischen „Sommerwiese". Wie die Nadelsimse läßt sich auch die Zwergnadelsimse gut zurückschneiden, somit wird der Bestand noch dichter und kompakter.

Bestellnummer 139 PG 5/E400

EASY **Gattung:** *Eleocharis* **Art:** *pusilla* **Familie:** *Cyperaceae* **Heimat:** Australien, Neuseeland **Standort/Höhe:** Vordergrund 3–6 cm **Licht:** viel bis mittel **Temperatur:** 12°–26 °C **Wachstum:** mittel **pH:** 5–7 **Härtegrad:** weich bis mittelhart **CO_2:** 10–30 mg/l **Vermehrung:** Ausläufer, Teilung

Fontinalis hypnoides

Fontinalis hypnoides ist ein auf der nördlichen Hemisphäre weit verbreitetes Wassermoos. An wenigen Stellen ist es sogar in Deutschland in stehenden Gewässern anzutreffen. Im Gegensatz zu dem bekannteren Quellmoos *Fontinalis antipyretica* ist diese Art im Wuchs lockerer und zarter im Habitus. Auch das Blattgrün ist deutlich heller und frischer und wirkt daher sehr kontrastreich zu anderen dunkelgrünen Moosarten. Dieses Moos ist für kleinere Aquarien und Nano Cubes gut geeignet, sollte aber regelmäßig einen Formschnitt erhalten. Kleinere Schnittreste kann man wiederum schön auf Steine oder Wurzeln aufbinden. Auf frei stehenden Ästen wirken kleine Moospolster sehr urwüchsig und geben dem Layout eine ganz besondere Stimmung.

Bestellnummer 932 PG8/MP06

EASY **Gattung:** *Fontinalis* **Art:** *hypnoides* **Familie:** *Fontinalaceae* **Heimat:** Asien, Amerika, Europa **Standort/Höhe:** Vordergrund 10–15 cm **Licht:** mittel bis wenig **Temperatur:** 20–28 °C **Wachstum:** langsam **pH:** 5–8 **Härtegrad:** sehr weich bis hart **CO_2:** 10–20 mg/l **Vermehrung:** Teilung

Fissidens geppii

Die Heimat dieses wunderschönen Mooses ist China, Korea und Japan. Es ist ein sehr feingliedriges Wassermoos mit federartigen, dunkelgrünen Trieben. Bei einer Wuchslänge von maximal 5 cm bleibt dieses Moos sehr kompakt und kurz. Am Naturstandort sitzen die Moospolster mit wurzelähnlichen Verankerungen auf Steinen und Wurzeln. Auch im Aquarium wächst dieses zauberhafte Moos optimal aufgebunden auf Dekosteinen und Wurzeln. Besonders attraktiv ist eine komplette „Ummantelung" von filigranen Wurzelstücken und Ästen. Die Wirkung ist einzigartig mit einem ausgeprägten „Nebelwaldcharakter". Als rasenartiger Bodendecker kann man das Moos auch auf flache Steine aufbinden und im Vordergrund platzieren.

Bestellnummer 985 PG 11/MP 09

EASY **Gattung:** *Fissidens* **Art:** *geppii* **Familie:** *Fissidentaceae* **Heimat:** Südostasien **Standort/Höhe:** Vordergrund bis 5 cm **Licht:** viel bis wenig **Temperatur:** 22–28 °C **Wachstum:** langsam **pH:** 5–8 **Härtegrad:** weich bis mittelhart **CO_2:** 10–20 mg/l **Vermehrung:** Teilung

Glossostigma elantinoides

Aufgrund seines teppichartigen Wuchses ist das australische Zungenblatt besonders beliebt. Die kleinen Stängel mit den ovalen Blättchen werden nur wenige Zentimeter hoch und bilden einen dichten und kompakten Wuchs. Takashi Amano hatte diese Pflanze 1980 durch Dennerle bekommen, und nach und nach wurde dieses australische Kleinod weltberühmt. Das Einsetzen der filigranen Triebe ist mit einer Pflanzenpinzette am einfachsten; dabei wird die Topflanze in Einzelstückchen geteilt und im Abstand von einigen Zentimetern eingepflanzt. Bei optimalen Kulturbedingungen mit optimaler Beuleuchtung und Zugabe von CO_2 ist das Wachstum relativ schnell, ein regelmäßiger Rückschnitt fördert die Kompaktheit und den dichten Wuchs.

Bestellnummer 681 PG4/G50

Gattung: *Glossostigma* **Art:** *elantinoides* **Familie:** *Scropulariaceae* **Heimat:** Australien, Neuseeland **Standort/Höhe:** Vordergrund 3-5 cm **Licht:** viel bis mittel **Temperatur:** 20-26 °C **Wachstum:** schnell **pH:** 5-7,5 **Härtegrad:** sehr weich bis mittel CO_2: 20-30 mg/l **Vermehrung:** Teilung

MEDIUM

Helanthium tenellum

Die grasartige Sumpfblüte *Helanthium tenellum*, noch besser bekannt als Echinodorus tenellus, ist eines der schönsten Vordergrundpflanzen in der Aquaristik. Die grasartigen, leicht gebogenen Blättchen wirken aber auch sehr gut in Zwischenräumen von Wurzeln und Steinen. Die Blattfarbe reicht von mittelgrün bis olivgrün, bei sehr guter Beleuchtung färben sich die Blättchen violett-rot. Pflanzen aus der Gärtnerei sind in der Regel über Wasser kultiviert und besitzen etwas härtere Blätter. Beim Einpflanzen kann man die Pflanze bis auf 1cm abschneiden und das Rosettenstück in kleine Portionen teilen und einpflanzen. Rasch treiben neue submerse Blättchen unter Wasser aus und bilden nach und nach durch Ausläufer einen dichten Pflanzenteppich.

Bestellnummer 191 PG5/H230

Gattung: *Helanthium* **Art:** *tenellum* **Familie:** *Alismataceae* **Heimat:** Südamerika **Standort/Höhe:** Vordergrund 5-10 cm **Licht:** viel bis mittel **Temperatur:** 18-28 °C **Wachstum:** mittel **pH:** 5-9 **Härtegrad:** sehr weich bis mittel CO_2: 20-30 mg/l **Vermehrung:** Ausläufer

MEDIUM

Helanthium tenellum 'Broad Leaf'

Wir fanden die grasartige Schönheit bei unserer Plantahunter-Tour in Florida im Winter 2012. Auf den ersten Blick sieht sie der *Helanthium tenellum* (alter Name: *Echinodorus tenellus*) sehr ähnlich und ist leicht zu verwechseln. Der Unterschied liegt in der Blattfarbe und Blattbreite, auch die Wuchshöhe scheint etwas geringer zu sein. Wir haben dieser Pflanze den Namen 'Broad Leaf' gegeben aufgrund der bis zu 2,5 mm breiten Blattspreiten. Die Blattfarbe bleibt leuchtend mittelgrün und kann daher gut zu farbigen Pflanzen wie z.B. *Hygrophila pinnatifida* kombiniert werden. Die Pflegeansprüche sind mit der normalen Helanthium tenellum vergleichbar. Die Rasenbildung wird auch hier durch einen kräftigen Rückschnitt gefördert.

Bestellnummer 147 PG5/H220

Gattung: *Helanthium* **Art:** *tenellum 'Broad Leaf'* **Familie:** *Alismataceae* **Heimat:** Nordamerika **Standort/Höhe:** Vordergrund 4-6 cm **Licht:** viel bis mittel **Temperatur:** 20°-28 °C **Wachstum:** mittel **pH:** 5-8 **Härtegrad:** weich bis hart CO_2: 20-30 mg/l **Vermehrung:** Ausläufer

MEDIUM

Hemianthus callitrichoides 'Cuba'

Das Kubanische Perlenkraut ist eine der beliebtesten Pflanzen im Aquascaping. Es gilt auch als kleinste Aquarienpflanze der Welt. Die hellgrünen Blättchen erreichen nur eine Größe von ca. 3mm und sitzen dichtgedrängt am Stängel. Die Pflanzenpolster erreichen eine Höhe von 3–5 cm und sind daher ideal als Bodendecker geeignet. Aber auch in der Gestaltung in einer Steinlandschaft macht die Pflanze in „luftiger" Höhe eine gute Figur. Hinsichtlich der Wasserwerte ist das Perlenkraut relativ anpassungsfähig; wichtig sind aber eine gute Beleuchtung und ausreichende CO_2-Versorgung. Die emers gezogenen Pflanzen werden in kleine Stücke zerteilt und portionsweise eingepflanzt. Schon nach wenigen Wochen entsteht ein dichter Teppich dieser dekorativen Pflanze.

Bestellnummer 444 PG4/H11

MEDIUM **Gattung:** *Hemianthus* **Art:** *callitrichoides 'Cuba'* **Familie:** *Scrophulariaceae* **Heimat:** Kuba, Bahamas, Puerto Rico **Standort/Höhe:** Vordergrund 3–5 cm **Licht:** viel **Temperatur:** 18–26 °C **Wachstum:** mittel **pH:** 5–8 **Härtegrad:** sehr weich bis hart CO_2: 20–30 mg/l **Vermehrung:** Teilung

Hemianthus micranthemoides

Filigrane und kleinblättrige Pflanzen sind im Aquascaping begehrt und beliebt. Dazu zählt auch das zierliche Perlenkraut Hemianthus micranthemoides. Im Gegensatz zum Kuba-Perlenkraut wächst es aber 30–40 cm hoch und ist daher mehr für den Mittel- bis Hintergrund zu empfehlen. Der lockere Wuchscharakter und die hellgrüne Farbe vermitteln einen frischen, frühlingshaften Eindruck. Mit Hilfe einer guten scharfen Schere kann man die Pflanzen schön in Form schneiden. Nach dem Rückschnitt entwickeln sich viele neue Seitentriebe, der Bestand wird so kompakter und dichter. Herrliche Kontraste kann man mit dunkelgrünen oder farbigen Pflanzen wie Alternanthera- oder Ludwigia-Arten erreichen. Aufgrund der kleinen Blättchen wird diese Pflanze öfters in Nano-Cubes verwendet.

Bestellnummer 943 PG4 /H31

EASY **Gattung:** *Hemianthus* **Art:** micranthemoides **Familie:** Scrophulariaceae **Heimat:** Ostküste Nordamerikas **Standort/Höhe:** Mittelgrund bis 30 cm **Licht:** viel **Temperatur:** 18–26 °C **Wachstum:** mittel **pH:** 5–8 **Härtegrad:** weich bis sehr hart CO_2: 20–30 mg/l **Vermehrung:** Kopfsteckling

Heteranthera zosterifolia

Die Stängelpflanze *Heteranthera zosterifolia* ist eine beeindruckende Schönheit im Aquarium. Die leuchtend hellgrünen Blätter werden 2 bis zu 5 cm lang und wachsen in wechselständiger Blattanordnung. Die Ansprüche dieser Pflanze sind relativ gering, bei guter Beleuchtung und CO_2-Düngung ist das Wachstum ausgeprägt kompakt und schnell. Daher ist ein regelmäßiges Einkürzen der Triebe zu empfehlen. Auf unserer Plantahunter-Tour in Brasilien sahen wir Bestände dieser Pflanze über viele Kilometer im Flusslauf des Rio da Prata. Sogar in 2 Metern Wassertiefe waren noch üppige Bestände im kristallklaren Wasser anzutreffen. *Heteranthera* ist eine sehr kontrastreiche Pflanze für den Mittel- bis Hintergrund und wirkt besonders gut in Kombination mit farbigen Pflanzen wie z. B. *Rotala rotundifolia*.

Bestellnummer 140 PG5 /H10

EASY **Gattung:** Heteranthera **Art:** zosterifolia **Familie:** *Pontederiaceae* **Heimat:** Brasilien, Argentinien, Bolivien **Standort/Höhe:** Mittelgrund 30–40 cm **Licht:** viel bis mittel **Temperatur:** 20–26 °C **pH:** 5–8 **Härtegrad:** weich bis hart CO_2: 20–30 mg/l **Vermehrung:** Kopfstecklinge

Hygrophila pinnatifida

Hygrophila pinnatifida ist eine neue endemische Art aus Indien. Obwohl diese Pflanze schon lange bekannt war, wurde sie erst 2008 für die Aquaristik entdeckt und ist seither in vielen Layouts zu bewundern. Besonders auffällig sind die ornamentalen Blätter und das eigentümliche Wuchsverhalten. Im Gegensatz zu anderen Stängelpflanzen bildet diese Art kriechende Seitentriebe, die sich sogar auf Steinen und Wurzeln anheften. Dadurch ergeben sich interessante Gestaltungsmöglichkeiten beim Aquascaping. Bei guter Beleuchtung färben sich die Blätter besonders intensiv rostbraun und entwickeln einen kompaktem Wuchs. Bei der Vergesellschaftung mit anderen Pflanzen sollte man auf ruhiger wirkende Pflanzen zurückgreifen, um die Wirkung dieser neuen Schönheit zu unterstreichen.

Bestellnumer 80 PG 5/H80

Gattung: *Hygrophila* **Art:** *pinnatifida* **Familie:** *Acanthaceae* **Heimat:** Indien **Standort/Höhe:** Mittelgrund bis 40 cm **Licht:** viel bis mittel **Temperatur:** 22–28 °C **Wachstum:** mittel **pH:** 5–8 **Härtegrad:** weich bis mittel **CO_2:** 20–30 mg/l **Vermehrung:** Seitensprosse

MEDIUM

Hydrocotyle cf. tripartita

Diese kleine Wassernabel-Art wurde zwar erst 2010 in Europa eingeführt, hat aber mittlerweile einen sehr hohen Bekanntheitsgrad erreicht. Die Art und die Herkunft sind noch nicht sicher bestimmt, daher die Bezeichnung „cf." (confer = vergleichbar mit) in der Namensgebung. Bei guten Bedingungen von Licht und ausreichender Nährstoffzufuhr wächst sie kriechend über den Boden. Auch können andere Pflanzen regelrecht „überwuchert" werden, was einen besonders natürlichen Charakter ergibt. Dennoch sollte man die Polster immer ein wenig beschneiden, um nicht einen zu wilden Dschungelstil zu bekommen. Die Blattform erinnert ein wenig an Kleeblätter. Sie bildet schöne Kontraste zu grasartigen Pflanzen oder anderen Wuchsformen.

Bestellnummer 102 PG4/H35

Gattung: *Hydrocotyle* **Art:** *cf. tripartita* **Familie:** *Apiaceae* **Heimat:** vermutlich Australien **Standort/Höhe:** Vorder-, Mittelgrund bis 20 cm **Licht:** viel bis mittel **Temperatur:** 18–28 °C **Wachstum:** schnell **pH:** 5–8 **Härtegrad:** weich bis hart **CO_2:** 20–30 mg/l **Vermehrung:** Kopfsteckling, Seitentriebe

EASY

Hygrophila lancea

Eine klein bleibende und eher langsam wachsende Stängelpflanze ist *Hygrophila lancea*. Ihre Herkunft ist Sarawak, der malaysische Teil von Borneo. Im emersen Stadium sind die Blätter lanzettförmig. Sie werden bis 10 cm lang und sind olivgrün gefärbt. Im Aquarium sind die Blattspreiten von einem intensiven Rotbraun. Für diese prächtige Färbung ist aber starkes Licht notwendig. Teilweise wächst diese noch wenig bekannte *Hygrophila*-Art auch kriechend am Bodengrund – sie sollte daher eher im Vordergrund verwendet werden. Bei ausreichender CO_2-Versorgung wachsen die Pflanzen deutlich besser. Bedingt durch den langsamen Wuchs ist diese Hygrophila aus Borneo sehr gut für Layouts in kleineren Aquarien und Nano Cubes geeignet.

Bestellnummer 987 PG5/H75

Gattung: *Hygrophila* **Art:** *lancea* **Familie:** *Acanthaceae* **Heimat:** Südostasien **Standort/Höhe:** Mittelgrund bis 30 cm **Licht:** viel bis mittel **Temperatur:** 22–28 °C **Wachstum:** mittel **pH:** 5–8 **Härtegrad:** sehr weich bis hart **CO_2:** 20–30 mg/l **Vermehrung:** Kopfsteckling, Seitentriebe

MEDIUM

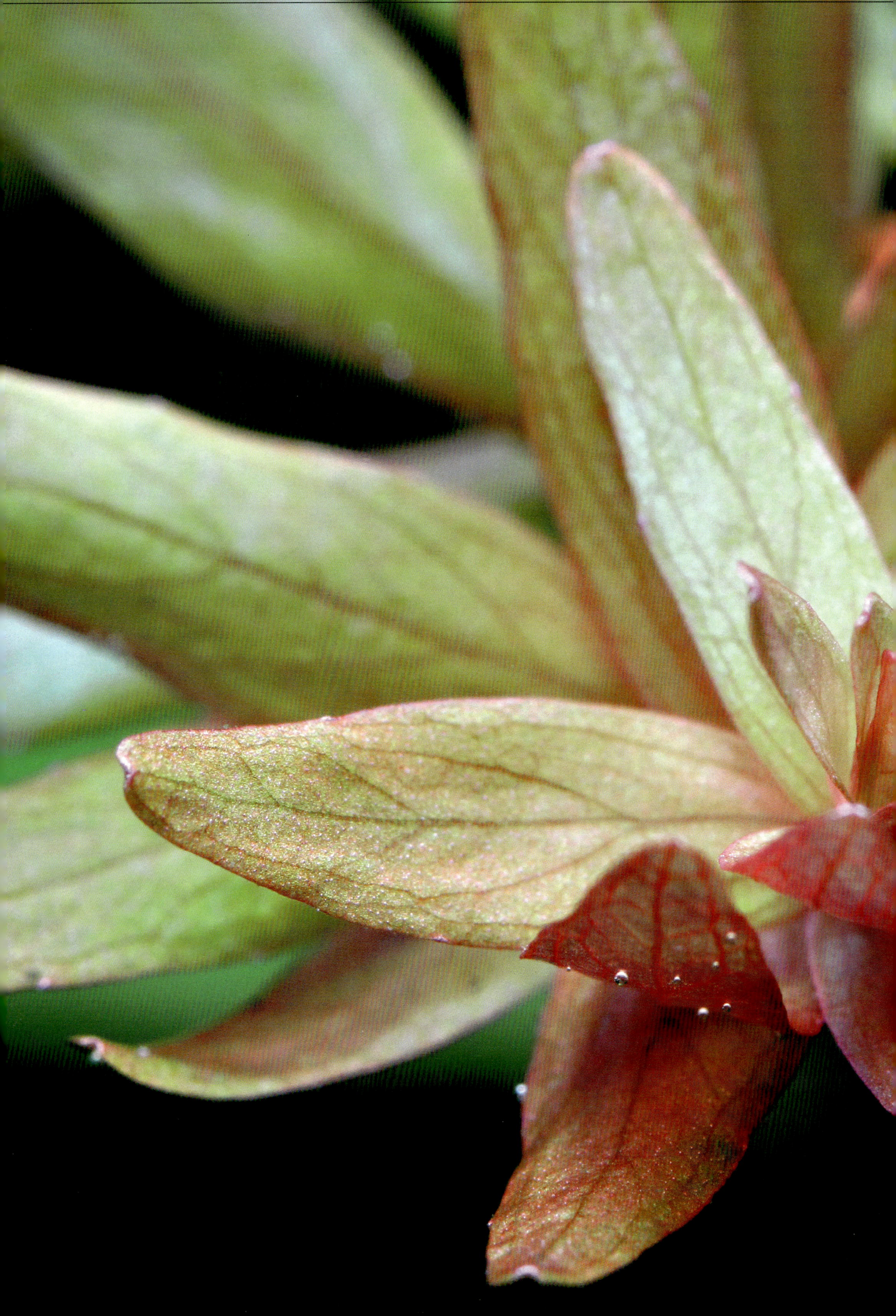

Lomariopsis lineata

Ein botanisches Kuriosum ist der Farn *Lomariopsis lineata*, der oft mit dem Moos *Monosolenium* verwechselt wird. Dieser Farn entwickelt keine Farnwedel, sondern wächst nur im Prothallium-Stadium. Ein Prothallium entsteht aus den Sporen der Farne und ist eigentlich ein Vorkeim, aus dem sich dann die neue Farnpflanze entwickelt. Bei *Lomariopsis lineata* bleibt die Pflanze allerdings dauerhaft im Vorkeimstadium. Die Thalluskörper sind auffallend transparent und von flaschengrüner Farbe. Das Wachstum ist sehr langsam, es bilden sich nach und nach kleine Polster. Als Aufsitzerpflanze kann man den sogenannten Süßwassertang wunderbar zum Begrünen des Hardscapes verwenden. Die Vermehrung ist spielend einfach, die Polster lassen sich leicht mit den Fingern teilen und können dann neu platziert werden.

Bestellnummer 313 PG9/MP10

Gattung: *Lomariopsis* **Art:** *lineata* **Familie:** *Lomariopsidaceae* **Heimat:** Asien **Standort/Höhe:** Vordergrund bis 10 cm **Licht:** mittel bis wenig **Temperatur:** 22-28 °C **Wachstum:** langsam **pH:** 6-8 **Härtegrad:** weich bis hart CO_2: 20-30 mg/l **Vermehrung:** Teilung

EASY

Limnophila spec. 'Vietnam'

Die Gattung Limnophila aus der Familie der Rachenblütler *(Scrophulariaceae)* ist in der Aquaristik schon lange bekannt und wird gern und häufig verwendet. Eine neue und seltene Pflanze ist die noch nicht sicher bestimmte *Limnophila sp.* 'Vietnam'. Wie bei fast allen Sumpffreunden sitzen die nur 1-2 cm langen Blättchen sternförmig am Stängel. Mit einer Blattbreite von nur wenigen Millimetern wirkt die Pflanze besonders grazil und dekorativ. Bei ausreichender Beleuchtung zeigt die Pflanze einen deutlich kriechenden Wuchs, wodurch sie sich für den Vorder- bis Mittelgrund hervorragend eignet. Ein kräftiger Formschnitt ermöglicht die Gestaltung von wunderschönen harmonischen Pflanzenpolstern. Für ein Layout mit Hügeln und Bergen ist *Limnophila spec.* 'Vietnam' besonders zu empfehlen.

Bestellnummer 125 PG 4 /L10

Gattung: *Limnophila* **Art:** *spec. 'Vietnam'* **Familie:** *Scrophulariaceae* **Heimat:** Südostasien **Standort/Höhe:** Mittelgrund 20 cm **Licht:** viel **Temperatur:** 18°-28 °C **Wachstum:** mittel **pH:** 5-7 **Härtegrad:** weich bis mittelhart CO_2: 20-30 mg/l **Vermehrung:** Kopfsteckling

MEDIUM

Lobelia cardinalis 'Mini'

Lobelia cardinalis gehört zu den typischen Vertretern im Holland-Aquarium, sie ist schon länger bekannt. Die neuere Wuchsform 'Mini' dagegen ist erst seit wenigen Jahren im Handel und ist aufgrund der geringen Wuchshöhe auch für das Aquascaping geeignet. Die fast kreisrunden Blättchen bieten schöne Gestaltungsmöglichkeiten in jedem Layout. Die emersen Blätter zeigen eine olivgrüne Farbe mit violett brauner Blattunterseite. Die Färbung der Blätter unter Wasser ist dagegen rein grün und dennoch sehr apart. Dichte Pflanzgruppen erreicht man dadurch, dass Seitentriebe immer wieder beschnitten und neu abgesteckt werden. Eine gute Beleuchtung, ausreichend CO_2 und eine nicht allzu hohe Wassertemperatur führen zu kompakter Wuchsform.

Bestellnummer 104 PG4/L51

Gattung: *Lobelia* **Art:** *cardinalis 'Mini'* **Familie:** *Lobeliaceae* **Heimat:** Zuchtform **Standort/Höhe:** Vordergrund 10-15 cm **Licht:** viel bis mittel **Temperatur:** 15-25 °C **Wachstum:** langsam **pH:** 6-8 **Härtegrad:** weich bis hart CO_2: 10-20 mg/l **Vermehrung:** Kopfsteckling

EASY

Ludwigia arcuata

Ludwigien sind beliebte Stängelpflanzen in der Aquaristik. Sie werden schon seit Jahrzehnten gepflegt und kultiviert. Eine farbenprächtige und auch grazile Art ist Ludwigia arcuata, die in den USA beheimatet ist. Takashi Amano hat diese schmalblättrige Ludwigienart oft in seinen Naturaquarien verwendet, aber auch viele andere bekannte Aquascaper setzen diese Stängelpflanze häufig ein. Wie bei allen farbigen Pflanzen gilt die Regel „je stärker die Beleuchtung, desto stärker die Farbausprägung". *Ludwigia arcuata* zeigt dann ein kräftiges Purpurrot und wird somit zu einem echten Highlight zwischen rein grünen Pflanzen. Ein Rückschnitt ist jederzeit möglich, da die beschnittenen Stängel vielfach mit neuen Seitentrieben weiterwachsen.

Bestellnummer 708 PG4/L60

MEDIUM

Gattung: *Ludwigia* **Art:** *arcuata* **Familie:** *Onagraceae* **Heimat:** Ostküste von Nordamerika **Standort/Höhe:** Mittelgrund bis 40 cm **Licht:** viel **Temperatur:** 18–26 °C **Wachstum:** schnell **pH:** 5–8 **Härtegrad:** sehr weich bis mittel **CO_2:** 10–30mg/l **Vermehrung:** Kopfsteckling, Seitentriebe

Ludwigia repens 'Rubin'

Ein weiteres farbliches Highlight in einer Unterwasserlandschaft ist die tiefrote Ludwigiensorte 'Rubin'. Die Blätter können submers bis 5 cm lang und 3 cm breit werden. Wie bei allen Stängelpflanzen sollten immer mehrere Stängel als Gruppe gepflanzt werden, ebenso wirkt ein stufiger Aufbau besonders harmonisch. Aufgrund der Blattgröße wirkt die Rubin-Ludwigie eher in größeren Layouts, wo sie in Kombination mit grünen Pflanzen wie *Microsorum* oder *Rotala sp.* 'Grün' einen farblichen Höhepunkt darstellt. Bei der Vermehrung empfiehlt es sich, den abgeschnittenen oberen Kopfsteckling erneut in das Substrat zu pflanzen. Auf diese Weise hat man immer prächtige und intensiv gefärbte Stängel in seinem Naturaquarium.

Bestellnummer 950 PG4/L55

MEDIUM

Gattung: *Ludwigia* **Art:** *repens 'Rubin'* **Familie:** *Onagraceae* **Heimat:** Zuchtform **Standort/Höhe:** Hintergrund bis 50 cm **Licht:** viel **Temperatur:** 22–28 °C **Wachstum:** mittel **pH:** 5–8 **Härtegrad:** sehr weich bis hart **CO_2:** 20–30mg/l **Vermehrung:** Kopfsteckling

Marsilea hirsuta

Marsilea hirsuta gehört zur Familie der Kleefarngewächse und ist in Australien beheimatet. Aufgrund der geringen Wuchsgröße wird die Pflanze auch als Zwergkleefarn bezeichnet. Bei Sumpfbedingungen außerhalb des Wassers bildet die Pflanze kleine kleeblattförmige Blättchen, unter Wasser formen sich meist eiförmige Blättchen aus, die stark an die Pflanze *Glossostigma* erinnern. Zwergkleefarn ist aber bedeutend einfacher in der Kultur und besonders pflegeleicht. Es dauert zwar eine gewisse Zeit, bis sich der Pflegling im Aquarium eingewöhnt hat, aber mit der Zeit bildet sich ein attraktiver Pflanzenteppich. Idealerweise sollten die emersen Triebe vor der Pflanzung komplett abgeschnitten werden, nach und nach bilden sich die neuen submersen Triebe.

Bestellnummer 137 PG5/M90

EASY

Gattung: *Marsilea* **Art:** *hirsuta* **Familie:** *Marsileaceae* **Heimat:** Australien **Standort/Höhe:** Vordergrund 1–3 cm **Licht:** viel bis mittel **Temperatur:** 20–26 °C **Wachstum:** mittel **pH:** 5–8 **Härtegrad:** weich bis hart **Vermehrung:** Ausläufer, Teilung

Microsorum pteropus 'Trident'

Besonders filigran und dekorativ ist die Schwarzwurzel- oder Javafarnsorte 'Trident'. Vermutlich wurde sie in Sarawak auf Borneo gesammelt und dann weiter vermehrt. Die Blattspreiten sind mit ca. 1 cm Breite und 10 cm Länge sehr schmal. Beidseitig sind meist drei Blattlappen erkennbar – daher der Name 'Trident'. In der Kultur ist diese Variante ebenso extrem anspruchslos wie die bekannte Stammform von *Microsorum pteropus*. Aufgrund des langsamen Wachstums und einer Wuchshöhe von bis 30 cm ist diese Farnsorte bestens auch für kleinere Layouts geeignet. Der überhängende Wuchscharakter der Blätter bietet interessante Gestaltungsmöglichkeiten im Aquascaping. Beliebte Begleitpflanzen sind auch hier wieder diverse Moosarten oder auch der Farn *Lomariopsis*.

Bestellnummer 640 PG11/M43

Gattung: *Microsorum* **Art:** *pteropus 'Trident'* **Familie:** *Polypodiaceae* **Heimat:** Südostasien **Standort/Höhe:** Mittelgrund bis 30 cm **Licht:** mittel bis wenig **Temperatur:** 22–28 °C **Wachstum:** langsam **pH:** 5–8 **Härtegrad:** sehr weich bis hart CO_2: 0–10 mg/l **Vermehrung:** Tochterpflanzen aus Blättern

EASY

Microsorum pteropus

Der Schwarzwurzelfarn oder Javafarn ist im tropischen Asien von Indien bis Papua-Neuguinea beheimatet. Er gilt als eine der beliebtesten Aquarienpflanzen und ist in seiner Blattform und Größe sehr variabel. Neben der breitblättrigen Standardform gibt es unzählige kleinere und auch schmälere Sorten. Diese sind aufgrund ihres grazilen und langsamen Wachstums im Aquascaping besonders beliebt. In der Natur wächst *Microsorum* fest verankert auf Steinen und Wurzeln an Bächen und Flüssen. Der Wasserstand variiert dort oft sehr stark, sodass die Pflanzen sowohl untergetaucht wie auch trocken wachsen können. Am wohlsten fühlen sich die Pflanzen im Aquarium, wenn ihre Wurzelstöcke (Rhizome) auf Wurzelholz und Stein aufgebunden werden. Besonders attraktiv wirken Javafarne auf freistehenden Wurzelästen in Kombination mit diversen Moosen.

Bestellnummer 944 PG5/M40

Gattung: *Microsorum* **Art:** *pteropus* **Familie:** *Polypodiaceae* **Heimat:** Südostasien **Standort/Höhe:** Hintergrund bis 40 cm **Licht:** mittel bis wenig **Temperatur:** 22–28 °C **Wachstum:** langsam **pH:** 5–8 **Härtegrad:** sehr weich bis hart CO_2: 0–10 mg/l **Vermehrung:** Tochterpflanzen aus Blättern

EASY

Myriophyllum mattogrossense

Das Mato-Grosso-Tausendblatt ist eine besonders pflegeleicht Art aus der Gattung *Myriophyllum*. Seine Heimat liegt in Ecuador, Brasilien und Bolivien. Dort besiedelt es schnellfließende kühlere Gewässer. Die gefiederten submersen Blätter sind leuchtend hellgrün und wirken sehr kontrastreich zu anderen grünen oder farbigen Pflanzen. In der Pflege sollte man auf eine gute Nährstoffversorgung achten, insbesondere auf eine gute Eisendüngung. Bei Eisenmangel werden die Triebsitzen deutlich heller bis weißlich. *Myriophyllum matogrossense* wächst auch bei mittlerer Beleuchtung noch zufriedenstellend und ist somit auch gut für den Aquascaping-Einsteiger geeignet. Aufgrund ihrer Wuchshöhe ist die Pflanze für den Mittel- bis Hintergrund zu empfehlen.

Bestellnummer 126 PG4/M80

Gattung: *Myriophyllum* **Art:** *matogrossense* **Familie:** *Haloragaceae* **Heimat:** Ecuador, Brasilien, Bolivien **Standort/Höhe:** Hintergrund **Licht:** viel bis mittel **Temperatur:** 18–28 °C **Wachstum:** schnell **pH:** 5–8 **Härtegrad:** weich bis hart CO_2: 10–30 mg/l **Vermehrung:** Kopfstecklinge

EASY

Pogostemon helferi

Daonoi wird diese Pflanze in Thailand genannt, was so viel bedeutet wie „kleiner Stern". Und so ist auch das Aussehen von Pogostemon helferi. Die Blättchen mit den gewellten Blatträndern sitzen sternförmig am gestauchten Stängel und geben der Pflanzen einen aparten Wuchscharakter. Mit einer Wuchshöhe von max. 10 cm ist sie eine ideale Vordergrundpflanze, die in dichten Polstern wächst. Aber auch im Mittelgrund kann man mit ihr in einem Layout spannende Akzente setzen. Auch aufgebunden auf Stein und Holz ist diese Pflanze aus Thailand gutwüchsig. Bei geringerer Beleuchtung neigen die Stängel zum gestreckten Wachstum mit lockerer Anordnung der Blätter. Bei guter Eisenernährung sind die Pflanzenpolster sattgrün und bilden einen schönen Blickfang in jedem Aquarium.

Bestellnummer 913 PG5/P10

MEDIUM

Gattung: *Pogostemon* **Art:** *helferi* **Familie:** *Lamiaceae* **Heimat:** Südostasien **Standort/Höhe:** Vordergrund bis 10 cm **Licht:** viel bis mittel **Temperatur:** 22–28 °C **Wachstum:** mittel **pH:** 5–8 **Härtegrad:** sehr weich bis sehr hart **CO_2:** 20–30 mg/l **Vermehrung:** Kopfsteckling, Seitentriebe

Pogostemon erectus

Eine wunderschöne neue Hintergrundpflanze ist *Pogostemon erectus* aus Indien. Dichtgedrängt sitzen die nadelförmigen Blättchen an den kräftigen Stängeln dieser indischen Schönheit und erzeugen so einen ganz besonderen Charakter. Im emersen Stadium sind die „Nadeln" kräftiger und kürzer, unter Wasser werden sie deutlich länger, aber auch dünner. Die Pflanze ist hellgrün mit goldgelben Triebspitzen und wirkt so kontrastreich zu farbigen Pflanzen. Eine gute Beleuchtung und CO_2-Versorgung verstärken das optimale Wachstum. In einer größeren Gruppenpflanzung wirkt *Pogostemon erectus* am eindrucksvollsten, wobei auch hier wieder ein stufiger Aufbau angestrebt werden sollte.

Bestellnummer 101 PG5/P11

MEDIUM

Gattung: *Pogostemon* **Art:** *erectus* **Familie:** *Lamiaceae* **Heimat:** Südasien **Standort/Höhe:** Hintergrund bis 40 cm **Licht:** viel bis mittel **Temperatur:** 20–30 °C **Wachstum:** mittel **pH:** 5–8 **Härtegrad:** weich bis mittelhart **CO_2:** 20–30 mg/l **Vermehrung:** Kopfsteckling, Seitentriebe

Pogostemon stellatus spec.

Die Sternpflanze *Pogostemon stellatus* war früher besser bekannt unter dem Namen *Euseralis stellata*. Sie ist in Asien und Australien weit verbreitet und besitzt eine große Variabilität mit unterschiedlichen Blättern. In der emersen Form stehen die Blattquirle etwas weiter angeordnet als unter Wasser; sie sind olivgrün gefärbt. Erst im Wasser zeigt die Pflanze ihre atemberaubende Färbung von tiefrot bis dunkelviolett. Ihre Kultur ist allerdings nicht einfach, man benötigt den sogenannten "grünen Daumen". Eine sehr gute Beleuchtung und eine gute und dauerhafte CO_2-Versorgung sind ein absolutes Muss. Werden die Stängel zu groß, sollten die Kopfstecklinge erneut an die alte Position gepflanzt werden.

Bestellnummer 301 PG4/P401

ADVANCED

Gattung: *Pogostemon* **Art:** *stellatus spec.* **Familie:** *Lamiaceae* **Heimat:** Südostasien, Australien **Standort/Höhe:** Hintergrund bis 40 cm **Licht:** viel **Temperatur:** 22–28 °C **Wachstum:** mittel **pH:** 5–7 **Härtegrad:** sehr weich bis mittel **CO_2:** 20–30 mg/l **Vermehrung:** Kopfsteckling, Seitentriebe

Proserpinaca palustris

Zu den eher langsam wachsenden Stängelpflanzen gehört das amerikanische Kammblatt *Proserpinaca palustris*. Es war über viele Jahrzehnte aus der Aquaristik verschwunden und ist erst seit wenigen Jahren wieder sehr populär. Die Blätter sind mehr oder weniger stark gefiedert und bei guter Beleuchtung wunderschön leuchtend rot gefärbt. Die Blattfarbe ist allerdings auch abhängig von einer ausreichenden Nährstoffversorgung. Besonders eine permanente gute Eisenversorgung sollte gewährleistet sein. *Proserpinaca palustris* ist besonders gut für kleinere Aquarien und Nano-Cubes geeignet. Bei der Vergesellschaftung mit anderen Pflanzen sollte man stets auf ruhige „Nachbarn" achten, damit eine schöne harmonische Wirkung entsteht.

Bestellnummer 109 PG5/P20

Gattung: *Proserpinaca* **Art:** *palustris* **Familie:** *Haloragaceae* **Heimat:** Nord- und Mittelamerika **Standort/Höhe:** Mittelgrund bis 30 cm **Licht:** viel bis mittel **Temperatur:** 10–28 °C **Wachstum:** mittel **pH:** 5–8 **Härtegrad:** sehr weich bis mittel CO_2: 20–30 mg/l **Vermehrung:** Kopfsteckling

ADVANCED

Ranunculus inundatus

Eine sehr dekorative neue Pflanze in der Aquaristik ist der Fluss-Hahnenfuß Ranunculus inundatus. Am Naturstandort in Australien wächst diese Pflanze an feuchten Standorten, teilweise im flachen Wasser von Tümpeln und Seen. Ihr auffälligstes Merkmal sind die wunderschön geformten Blätter in Form eines geschlitzten Schirmes. Ähnlich wie bei *Hydrocotyle*-Arten bildet die Pflanze permanent Ausläufertriebe aus. Diese kriechen meist am Bodengrund und bilden an den Knotenpunkten neue Blattstängel. So entstehen nach und nach schöne Pflanzengruppen mit sehr ornamentaler Anmutung. Ranunculus inundatus gehört zu den Starklichtpflanzen und benötigt daher auch eine höhere Nährstoffversorgung.

Bestellnummer 118 PG4/R20

Gattung: *Ranunculus* **Art:** *inundatus* **Familie:** *Ranunculaceae* **Heimat:** Australien **Standort/Höhe:** Mittelgrund 10–15 cm **Licht:** viel bis mittel **Temperatur:** 20–28 °C **Wachstum:** schnell **pH:** 5–7 **Härtegrad:** weich bis mittelhart CO_2: 20–30 mg/l **Vermehrung:** Ausläufer, Teilung

MEDIUM

Riccardia chamedryfolia

Zu den schönsten und attraktivsten Moosen gehört *Riccardia chamedryfolia*, das mittlerweile beim Aquascaping sehr oft verwendet wird. Es gehört zur großen Gruppe der Lebermoose. Viele Eigenschaften begründen die Beliebtheit dieses zauberhaften Mooses. Es wächst sehr langsam und ist besonders feingliedrig. Seine Thallus-Körper bleiben klein. Für die Begrünung von Wurzeln und Steinen ist es geradezu optimal, da es sehr natürlich wirkt. In viele preisgekrönten Layouts der letzten Jahre kann man dieses wunderschöne Moos bestaunen. In der Pflege ist es bei mittlerer Beleuchtungsstärke recht anspruchslos, wobei bei guter Beleuchtung die Thallus-Körper kräftiger werden und sich stärker verzweigen.

Bestellnummer 929 PG8/MP04

Gattung: *Riccardia* **Art:** *chamedryfolia* **Familie:** *Aneuraceae* **Heimat:** Tropisches Asien, Australien **Standort/Höhe:** Vordergrund bis 5 cm **Licht:** mittel bis wenig **Temperatur:** 22–28 °C **Wachstum:** sehr langsam **pH:** 5–8 **Härtegrad:** sehr weich bis hart CO_2: 0–20 mg/l **Vermehrung:** Teilung

EASY

Riccia fluitans

Wohl kaum eine andere Pflanze wurde durch Takashi Amano so bekannt wie das Teichlebermoos *Riccia fluitans*. Als Kosmopolit ist es weltweit als Schwimmpflanze verbreitet und wurde auch über Jahrzehnte in der Aquaristik als an der Oberfläche treibendes Polster verwendet. Die eindrucksvollen Naturaquarien von Takashi Amano zeigten erstmals die Schönheit von Riccia fluitans unter Wasser. Der Anblick eines großen Pflanzenteppichs ist von beeindruckender Schönheit und Harmonie. Die Moospolster müssen allerdings immer wieder aufgebunden werden, da sie stets nach oben streben. Auch ein regelmäßiger Rückschnitt alle 6–8 Wochen ist notwendig, damit man schöne und dichte Polster erhält. Als untergetauchtes Moos benötigt *Riccia* eine gute Beleuchtung und CO_2-Zufuhr.

Bestellnummer 374 PG5/SCH80

EASY **Gattung:** *Riccia* **Art:** *fluitans* **Familie:** *Ricciaceae* **Heimat:** Kosmopolit **Standort/Höhe:** Vordergrund bis 5 cm **Licht:** mittel bis wenig **Temperatur:** 18–28 °C **Wachstum:** schnell **pH:** 5–8 **Härtegrad:** sehr weich bis hart CO_2: 0–10 mg/l **Vermehrung:** Teilung

Rotala rotundifolia

Rotala rotundifolia ist eine sehr einfach zu pflegende Aquarienpflanze. Der Name *rotundifolia* bezieht sich auf die emersen rundlichen Blättchen, die submersen Blattspreiten sind dagegen länglich-lanzettförmig. Je nach Beleuchtungsstärke sind die Blätter olivgrün bis intensiv rötlich gefärbt. Das Wachstum dieser Stängelpflanze ist recht schnell, daher sollte man die Stängel regelmäßig einkürzen. Rasch treiben Seitentriebe aus und bilden einen schönen neuen dichten Bestand. So kann man mit etwas Geschick im Hintergrund sehr attraktive Formen mit einzigartiger Farbe gestalten. Eine sehr schöne Harmonie bildet *Rotala rotundifolia* mit der Farbvariante *Rotala sp.* 'Grün'. Für Nano Cubes ist sie ein beliebter Farbtupfer im Hintergrund.

Bestellnummer 915 PG3/R10

EASY **Gattung:** *Rotala* **Art:** *rotundifolia* **Familie:** *Lythraceae* **Heimat:** Südostasien **Standort/Höhe:** Hintergrund bis 50 cm **Licht:** viel bis mittel **Temperatur:** 18–28 °C **Wachstum:** schnell **pH:** 5–8 **Härtegrad:** weich bis hart CO_2: 20–30 mg/l **Vermehrung:** Kopfsteckling, Seitentriebe

Rotala indica

Als *Ammania sp.* 'Bonsai' wurde diese Neuheit bekannt, es handelt sich aber dabei eigentlich um die „echte" *Rotala indica*. Dieser Name wurde jedoch über Jahrzehnte fälschlicherweise als Synonym für *Rotala rotundifolia* verwendet. Im Gegensatz zu Rotala rotundifolia sind die emersen und submersen Blätter dieser Pflanze kaum zu unterscheiden. Die ovalen bis kreisrunden Blättchen sitzen dichtgedrängt am Stängel und ergeben so ein sehr ornamentales Aussehen. Durch den stets aufrechten Wuchs ergeben sich interessante Gestaltungsmöglichkeiten. Auch das langsame Wachstum begünstigt eine Platzierung im vorderen Bereich und in der Mittelzone einer Unterwasserlandschaft. Besonders eindrucksvoll ist eine freistehende Gruppe in einem Teppich aus Hemianthus.

Bestellnummer 130 PG 4/R40

MEDIUM **Gattung:** *Rotala* **Art:** *indica* **Familie:** *Lythraceae* **Heimat:** Indien, Südostasien **Standort/Höhe:** Mittelgrund 30–40 cm **Licht:** viel bis mittel **Temperatur:** 22–28 °C **Wachstum:** mittel **pH:** 5–7 **Härtegrad:** weich bis mittelhart CO_2: 20–30 mg/l **Vermehrung:** Kopfsteckling

Rotala spec. 'Grün'

Wahrscheinlich handelt es sich bei der neuen Stängelpflanze *Rotala sp.* 'Grün' um eine Farbvariante der bekannten *Rotala rotundifolia*. Die neue grüne *Rotala* bildet sehr schmale elliptische Blättchen aus, die eine herrliche hellgrüne Farbe besitzen. Eine weitere Besonderheit ist ab einer bestimmten Wuchshöhe das gebogene Wuchsverhalten. Dieser anmutige Wuchscharakter macht sie für das Aquascaping sehr beliebt, und sie wird in vielen Layouts verwendet. In der Pflege ist diese *Rotala* recht anspruchslos und einfach zu halten. Ein tiefer und kräftiger Rückschnitt fördert einen sehr dichten Pflanzenwuchs. Es sieht zwar nach dem Rückschnitt ein wenig leer aus – aber keine Sorge, schon nach wenigen Wochen sind die neuen Triebe umso schöner und kräftiger.

Bestellnummer 121 PG4/R14

Gattung: *Rotala* **Art:** *spec. 'Grün'* **Familie:** *Lythraceae* **Heimat:** vermutlich Südostasien **Standort/Höhe:** Hintergrund bis 50 cm **Licht:** viel bis mittel **Temperatur:** 22–28 °C **Wachstum:** schnell **pH:** 5–8 **Härtegrad:** sehr weich bis hart CO_2: 20–30 mg/l **Vermehrung:** Kopfsteckling, Seitentriebe

EASY

Staurogyne repens

Eine echte Bereicherung im Vordergrundbereich ist die noch relativ neue brasilianische Pflanze Staurogyne repens. *Staurogyne* und *Hygrophila* sind beides Gattungen aus der Familie der Bärenklaugewächse, und diese Verwandtschaft kann man deutlich erkennen. *Staurogyne* zeigt allerdings einen gänzlich anderen Habitus – sie wächst kompakter und z. T. kriechend, was sie zu einer sehr geeigneten Vordergrundpflanze macht. Durch gezieltes Entfernen einzelner Sprossspitzen treiben neue kriechenden Seitentriebe nach, und es entsteht ein dichtblättriger Bestand. Bedingt durch ihr langsames Wachstum ist die Pflanze im Aquascaping sehr beliebt geworden. Besonders in kleineren Layouts wie z. B. in einem 50L Scaper Tank oder im Nano Cube wird diese brasilianische Schönheit oft verwendet.

Bestellnummer 982 PG5/S40

Gattung: *Staurogyne* **Art:** *repens* **Familie:** *Acanthaceae* **Heimat:** Brasilien **Standort/Höhe:** Vordergrund bis 10 cm **Licht:** viel bis mittel **Temperatur:** 22–28 °C **Wachstum:** langsam **pH:** 6–7 **Härtegrad:** weich bis mittelhart CO_2: 20–30 mg/l **Vermehrung:** Kopfsteckling, Seitentriebe

MEDIUM

Staurogyne spec. 'Porto Vehlo'

Eine in Europa noch wenig bekannte Art ist *Staurogyne sp.* 'Porto Vehlo' aus Brasilien. Sie ist nach der Hauptstadt des Bundesstaates Rondonia im westlichen Teil Brasiliens benannt. Die Pflanze aus der Familie der Bärenklaugewächse (wie auch *Hygrophila*) besitzt sehr schmale und spitze Blätter. Eine gute Beleuchtung fördert den kriechenden Wuchs und bewirkt sogar ein leichte violette Färbung der Blätter. Nach einer Eingewöhnungsphase wachsen die Pflanzen zu dichten Polstern heran, ein gelegentliches Ausdünnen der Triebe begünstigt einen kräftigen Bestand. Kulturerfahrungen gibt es erst wenige, es lässt sich aber bereits mit Sicherheit sagen, dass die Pflanze langsamer wächst als *Staurogyne repens*. Eine gute CO_2-Versorgung sowie eine ausreichende Menge an Mikronährstoffen sind auf jeden Fall notwendig.

Bestellnummer 133 PG5/S20

Gattung: *Staurogyne* **Art:** *spec. 'Porto Vehlo'* **Familie:** *Acanthaceae* **Heimat:** Brasilien **Standort/Höhe:** Vordergrund 3–5 cm **Licht:** viel bis mittel **Temperatur:** 22–28 °C **Wachstum:** langsam **pH:** 5–7,5 **Härtegrad:** weich bis mittelhart CO_2: 20–30 mg/l **Vermehrung:** Kopfsteckling

MEDIUM

Utricularia graminifolia

Eine außergewöhnliche Pflanze ist der Wasserschlauch *Utricularia graminifolia*. Sämtliche *Utricularia*-Arten gehören zu den fleischfressenden Pflanzen. Sie bilden mit über 200 Arten die größte Gattung bei den Karnivoren und Insektivoren. So sichert sich die Pflanze die Zufuhr von lebensnotwendigen Nährstoffen. *Utricularia graminifolia* entwickelt bis 4 cm lange leuchtend hellgrüne grasartige Blättchen. Das Einpflanzen der filigranen Pflanze sollte mit einer Pinzette erfolgen. Die kleinen Polster kann man mit etwas Sand abdecken oder zwischen kleinen Steinchen positionieren, um das Aufschwimmen zu verhindern. Langsam bildet sich ein faszinierend schöner Pflanzenteppich voll Anmut. Ein Besatz mit lebhaften oder grabenden Fischen sollte in einem Layout mit Urticularia vermieden werden.

Bestellnummer 360 PG6/U01

ADVANCED **Gattung:** *Utricularia* **Art:** *graminifolia* **Familie:** *Lentibulariaceae* **Heimat:** Südostasien **Standort/Höhe:** Vordergrund bis 5 cm **Licht:** viel bis mittel **Temperatur:** 22–28 °C **Wachstum:** langsam **pH:** 6–7,5 **Härtegrad:** weich bis mittelhart CO_2: 10–20 mg/l **Vermehrung:** Ausläufer

Taxiphyllum barbieri

Kaum ein anderes Moos wird so häufig in Aquarien gepflegt wie das Javamoos *Taxiphyllum barbieri*. Besser bekannt ist es unter dem Namen *Vesicularia dubyana*, der aber eigentlich ein anderes Moos bezeichnet, welches in den 70er Jahren nach und nach in der Produktion und im Handel durch das sehr ähnlich aussehende *Taxiphyllum barbieri* verdrängt wurde. Dieses Moos ist sehr anspruchslos und pflegeleicht. Ein regelmäßiger Rückschnitt fördert schöne und kompakte Moospolster. Es wächst auch in schattigen Bereichen gut, jedoch werden dort die Triebe deutlich dünner und sparriger. Wie bei vielen Moosen ist das Aufbinden auf Wurzelholz oder Steinmaterial sehr zu empfehlen. Besonders eindrucksvoll und natürlich wirken mit *Taxiphyllum barbieri* bemooste Äste in Kombination mit Javafarn oder *Anubias*-Arten.

Bestellnummer 756 PG5/T60

EASY **Gattung:** *Taxiphyllum* **Art:** *barbieri* **Familie:** *Hypnaceae* **Heimat:** Südostasien **Standort/Höhe:** Vordergrund 5–10 cm **Licht:** mittel bis wenig **Temperatur:** 22–28 °C **Wachstum:** mittel **pH:** 5–9 **Härtegrad:** sehr weich bis sehr hart CO_2: 0–20 mg/l **Vermehrung:** Teilung

Taxiphyllum spec. 'Flammenmoos'

Ein noch nicht sicher bestimmtes Moos ist *Taxiphyllum sp.* 'Flammenmoos'. Es hat seinen Namen durch das unverwechselbare Wuchsverhalten bekommen. Die stets nach oben wachsenden Triebe verdrehen sich spiralförmig und erinnern so an züngelnde Flammen. Je stärker die Beleuchtung, desto stärker kommt dieses Wuchsverhalten zum Ausdruck. In der Pflege ist es wie fast alle Moose unkompliziert und einfach, auch ein kräftiger Rückschnitt begünstigt ein weiteres kompaktes Wachstum der Moospolster. Wird es auf freistehende Wurzeläste auf ganzer Länge aufgebunden, entstehen durch den flammenartigen Wuchscharakter dieses Mooses unglaublich faszinierende Szenarien.

Bestellnummer 930 PG8/MP05

EASY **Gattung:** *Taxiphyllum* **Art:** *spec.* 'Flammenmoos' **Familie:** *Hypnaceae* **Heimat:** Südostasien **Standort/Höhe:** Vordergrund bis 10 cm **Licht:** mittel bis wenig **Temperatur:** 22–28 °C **Wachstum:** langsam **pH:** 5–8 **Härtegrad:** sehr weich bis hart CO_2: 0–20 mg/l **Vermehrung:** Teilung

Vallisneria nana

Vallisnerien gehören zu den Klassikern in der Aquaristik. Sie werden schon seit vielen Jahrzehnten in einer großen Zahl von Aquarien gepflegt. Die im nördlichen Australien beheimatete Vallisneria nana ist allerdings erst seit wenigen Jahren im Handel. Ihre schmalen Blattspreiten sind nur 1–2,5 cm breit. Sie geben der Pflanze einen attraktiven grasartigen Charakter. Am Naturstandort stehen die Pflanzen nur 5–15 cm hoch, daher auch die Bezeichnung Zwergvallisnerie. Im Aquarium werden die Blattspreiten mit ca. 60–70 cm deutlich länger. Daher empfiehlt sich die Pflanze für den Hintergrund größerer Layouts oder als Fokuspflanze im Mittelgrund. Die Pflege ist wie bei fast allen Vallisnerien einfach und unkompliziert. Lediglich Ausläufertriebe sollten regelmäßig eingekürzt werden, um somit ein zu starkes Wuchern einzudämmen.

Bestellnummer 386 PG5 /V20

Gattung: *Vallisneria* **Art:** *nana* **Familie:** *Hydrocharitaceae* **Heimat:** Nördliches Australien **Standort/Höhe:** Hintergrund bis 70 cm **Licht:** viel bis mittel **Temperatur:** 18–28 °C **Wachstum:** mittel **pH:** 6–9 **Härtegrad:** weich bis sehr hart **CO_2:** 0–20 mg/l **Vermehrung:** Ausläufer

EASY

Vesicularia montagnei

Vesicularia montagnei ist ein sehr beliebtes Moos aus Indonesien, wo es auf vielen Inseln wie Java, Borneo oder Sulawesi vorkommt. Der charakteristische Wuchs der Triebe erinnert an Tannenzweige, daher auch der Handelsname Christmas Moss. Bei guter Beleuchtung wächst es besonders schön, ein schattigerer Platz führt zu eher lockerem Wuchs. Er ähnelt dann dem bekannteren Javamoos. Zum Begrünen des Hardscapes ist es sehr gut geeignet, aber auch für eine Begrünung der Rückwand kann man Christmas Moss gut verwenden. Es bedarf zwar etwas Geduld, aber es lohnt sich! Auch emers wächst das Moos im Paludarium oder im Feuchtterrarium sehr gut und verleiht jeder Landschaft ein urwüchsiges Aussehen. Besonders eindrucksvoll ist ein Miniaturwasserfall mit Vesicularia im Spritzwasserbereich.

Bestellnummer 204 PG8/MW05

Gattung: *Vesicularia* **Art:** *montagnei* **Familie:** *Hypnaceae* **Heimat:** Südostasien **Standort/Höhe:** Vordergrund bis 5 cm **Licht:** mittel bis wenig **Temperatur:** 22–28 °C **Wachstum:** langsam **pH:** 5–8 **Härtegrad:** weich bis hart **CO_2:** 10–20 mg/l **Vermehrung:** Teilung

EASY

Vesicularia spec. Triangelmoos

Die genaue botanische Art ist noch nicht sicher bestimmt, möglicherweise handelt es sich bei diesem Moos um *Vesicularia reticulata*. Die ältere Bezeichnung *Cratoneuron filicinum* ist aber auf jeden Fall nicht mehr gültig. Seine Heimat ist der südostasiatische Raum, wo es typischerweise in stark schattigen Habitaten vorkommt. Dieses wüchsige, teils aufrecht strebende Moos bildet hellgrüne Polster, die sich zum Begrünen von Steinen und Wurzeln sehr gut eignen. Ein regelmäßiger Formschnitt im Rhythmus von 6–8 Wochen fördert den kompakten Wuchs, und nach und nach entstehen so interessante Moosformationen. Durch das leuchtend helle Grün eignet sich das Triangelmoos besonders gut für „Frühlings- und Sommerszenarien".

Bestellnummer 927 PG8/MP2

Gattung: *Vesicularia* **Art:** unbekannt – spec. Triangelmoos **Familie:** *Hypnaceae* **Heimat:** Südostasien **Standort/Höhe:** Vordergrund bis 10 cm **Licht:** mittel bis wenig **Temperatur:** 22–28 °C **Wachstum:** mittel **pH:** 5–8 **Härtegrad:** weich bis hart **CO_2:** 0–20 mg/l **Vermehrung:** Teilung

EASY

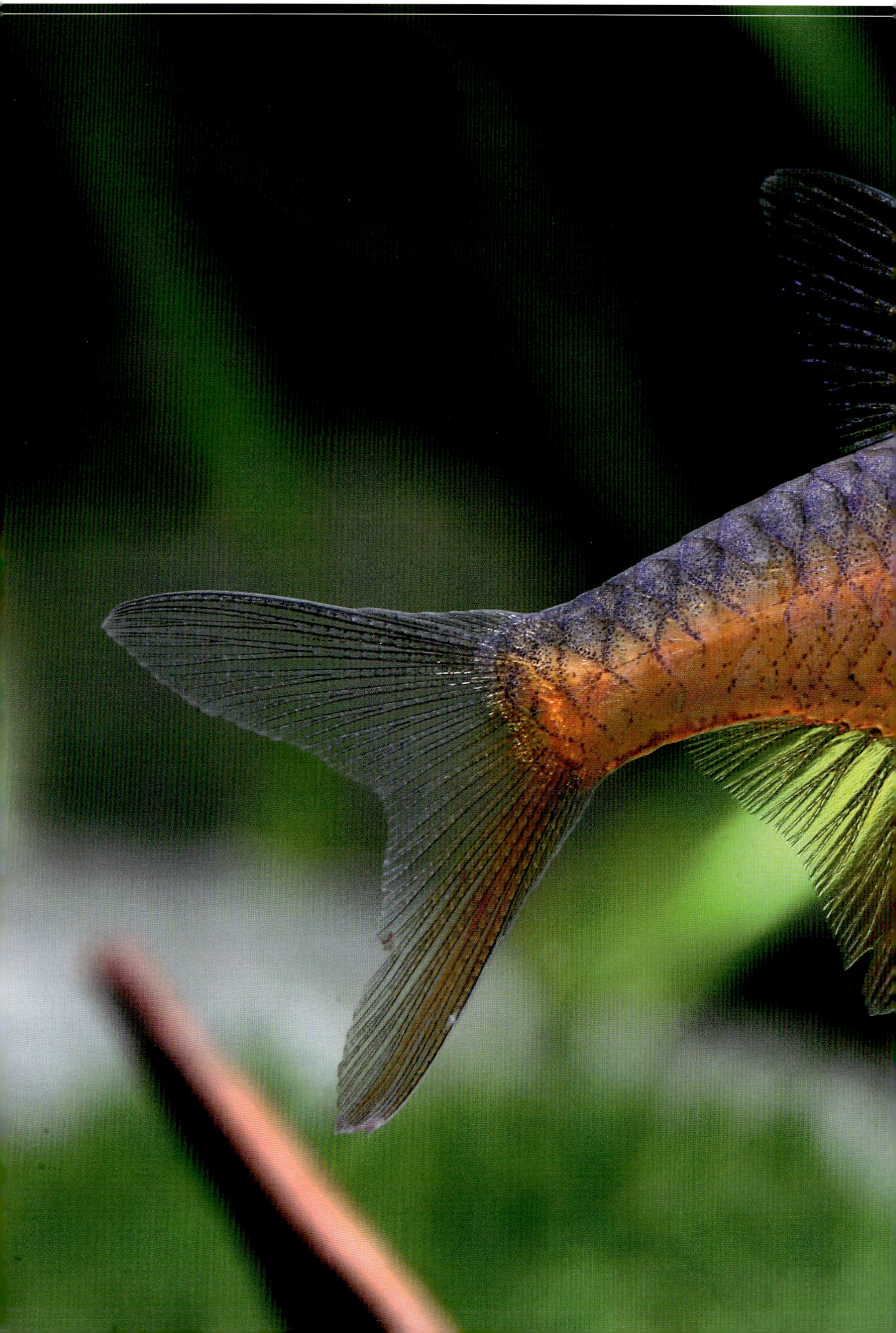

„Fische und Wirbellose für das Naturaquarium"

Sawbwa resplendens – Glühköpfchen

Körpergröße: 3–4 cm **Haltung:** Schwarmfisch ab 10 Tiere **Temperatur:** 20–25 °C **pH-Wert:** 7–8
Beckengröße: ab 80 Liter **Herkunft:** Burma **GesamtHärte:** 10–20 dGH

MEDIUM

Dieser Schwarmfisch ist relativ oft in schön gescapten Aquarien zu sehen. Er stammt aus Burma, wo er im Inle-See und Umgebung vorkommt. Diese Art besitzt keine Schuppen und wird deshalb auch oft auch als Nacktlaube bezeichnet. Ein Schwarm von 12–15 Tieren kommt in einem Aquarium ab 80 Litern am besten zur Geltung. Sie mögen eine dichte Bepflanzung und sollten in mittelhartem Wasser gepflegt werden. Lebendfutter hat sich bei dieser Art bewährt und sollte den größten Teil des Speiseplanes ausmachen.

Pristella maxillaris – Sternflecksalmler

Körpergröße: 4,5 cm **Haltung:** Schwarmfisch ab 10 Tiere **Temperatur:** 22–29 °C **pH-Wert:** 6–8
Beckengröße: ab 80 Liter **Herkunft:** Guyana, Brasilien, Venezuela **GesamtHärte:** 5–20 dGH

EASY

Aus dem Einzugsgebiet des Amazonas und des Orinoco kommt der Sternflecksalmer, der hier kleinere, langsam fließende Gewässer besiedelt. Diese friedlichen Schwarmfische sollten in Gruppen ab 10 Tieren und Aquarien ab 100 Litern gepflegt werden. Sie halten sich meist in den mittleren Regionen das Aquariums auf und bevorzugen Scapes mit dichtem Pflanzenbewuchs, die dennoch ausreichend Schwimmraum bieten.

Paracheirodon axelrodi – Roter Neon

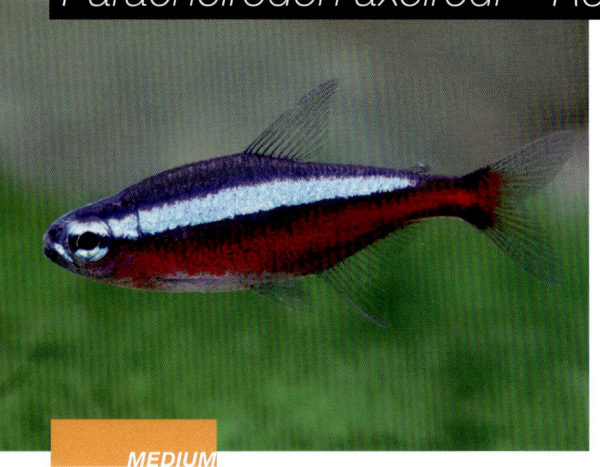

Körpergröße: 4–5 cm **Haltung:** Schwarmfisch ab 10 Tiere **Temperatur:** 22–28 °C **pH-Wert:** 5–6,5
Beckengröße: ab 50 Liter **Herkunft:** Kolumbien, Brasilien, Venezuela **GesamtHärte:** 4–12 dGH

MEDIUM

Dieser Schwarmfisch gehört zu den bekanntesten und schönsten Zierfischen überhaupt. Er besiedelt die ruhigen und klaren Fließgewässer im Einzugsgebiet des Orinoco und Rio Negro in Brasilien. Diese Art mag eher schattige und weniger stark beleuchtete Scapes mit einer lockeren Bepflanzung und ausreichend Schwimmraum.

Paracheirodon innesi – Neonsalmler

Körpergröße: 4 cm **Haltung:** Schwarmfisch ab 10 Tiere **Temperatur:** 20–26 °C **pH-Wert:** 5–7,5
Beckengröße: ab 50 Liter **Herkunft:** Peru **GesamtHärte:** 2–22 dGH

Der Neonsalmer stammt aus dem peruanischen Regenwald, wo er die Oberläufe kleinerer Klarwasserbäche besiedelt. Das Scape, in dem diese Fische gepflegt werden, sollte nicht sehr stark beleuchtet werden, und die Bepflanzung viel Schwimmraum lassen.

MEDIUM

Hyphessobrycon eques – Blutsalmler

Körpergröße: 3–4 cm **Haltung:** Schwarmfisch ab 10 Tiere **Temperatur:** 20–28 °C **pH-Wert:** 6–7,5
Beckengröße: ab 130 Liter **Herkunft:** Brasilien **GesamtHärte:** 5–25 dGH

Eine dichte Bepflanzung mit schattigen Bereichen ist für diese lebhafte Art von Vorteil, steigert ihr Wohlbefinden und intensiviert auch ihre Färbung. Die Tiere sind blutrot – doch könnte man von ihrem Namen auch ein wenig auf ihr Verhalten schließen. Trotz ausgewogener Ernährung bleibt es nämlich nicht aus, dass sie bei anderen Fischen auch einmal an den Flossen knabbern. Von einer Vergesellschaftung mit langflossigen Arten ist deshalb abzuraten.

EASY

Hasemania nana – Kupfersalmler

Körpergröße: 4–5 cm **Haltung:** Schwarmfisch ab 10 Tiere **Temperatur:** 22–28 °C **pH-Wert:** 6–7,8
Beckengröße: ab 120 Liter **Herkunft:** Brasilien **GesamtHärte:** 5–20 dGH

Dicht bepflanzte Scapes, die dennoch ausreichend Schwimmraum bieten, sollten dieser Art zur Verfügung gestellt werden. Kupfersalmler sind quirlige Fische, die anderen Arten nachstellen können – vor allem, wenn die Männchen während der Laichzeit ein ausgeprägtes Territorialverhalten zeigen. Bei ausreichend Platz allerdings beschäftigen sie sich innerartlich und lassen andere Arten meist in Ruhe. Mit einem dunklen Bodengrund und gedämpfter Beleuchtung kommt ihre Farbe am besten zur Geltung.

EASY

Hemigrammus bleheri – Rotkopfsalmer

Körpergröße: 4–5 cm **Haltung:** Schwarmfisch ab 10 Tiere **Temperatur:** 22–26 °C **pH-Wert:** 6–7,0
Beckengröße: ab 120 Liter **Herkunft:** Brasilien, Kolumbie **GesamtHärte:** 2–10 dGH

Schwimmraum ist für die Rotkopfsalmler ebenso notwendig wie dicht bepflanzte Stellen im Scape. Sie sind friedliche Schwarmfische, die sich meist in den mittleren und oberen Regionen des Aquariums aufhalten und sehr friedlich sind. Belastetes Wasser wird nicht gut vertragen, deshalb sind regelmäßige Wasserwechsel erforderlich.

MEDIUM

Hemigrammus erythrozonus – Glühlichtsalmler

Körpergröße: 4 cm **Haltung:** Schwarmfisch ab 10 Tiere **Temperatur:** 24–28 °C **pH-Wert:** 6–7,8
Beckengröße: ab 60 Liter **Herkunft:** Guyana **GesamtHärte:** 5–12 dGH

Ein sehr friedlicher und ruhiger Salmler, den man mit vielen anderen Arten vergesellschaften kann. In einem Scape mit dunklem Bodengrund, dichter Bepflanzung mit ausreichend Schwimmraum und einer gedämpften Beleuchtung zeigen diese Fische ihre schönsten Farben.

EASY

Hyphessobrycon amandae – Feuertetra

Körpergröße: 2–3 cm **Haltung:** Schwarmfisch ab 10 Tiere **Temperatur:** 22–28 °C **pH-Wert:** 5,5–7,5
Beckengröße: ab 50 Liter **Herkunft:** Brasilien **GesamtHärte:** 2–10 dGH

Dieser friedliche Schwarmfisch bevorzugt eine dichte Bepflanzung, wobei die Farbe des Bodengrundes keine Rolle spielt. Das Wasser sollte weich und sauer sein, damit sich diese Art wohlfühlt. Wegen ihrer geringen Größe sind sie auch für kleinere Aquarien geeignet und können problemlos mit Garnelen oder anderen friedlichen Salmlern vergesellschaftet werden.

EASY

Hyphessobrycon flammeus – Roter von Rio

Körpergröße: 3–4 cm **Haltung:** Gruppenfisch ab 8 Tiere **Temperatur:** 22–28 °C **pH-Wert:** 6,5–7,5
Beckengröße: ab 60 Liter **Herkunft:** Brasilien **GesamtHärte:** 5–20 dGH

Der Rote von Rio kommt in langsam fließenden Gewässern rund um die Stadt Rio de Janeiro vor, von der er seinen Namen hat. Er kommt sowohl in gut bewachsenen als auch in weniger dicht bepflanzten Scapes zurecht. Im allgemeinen gilt diese Art als leicht zu pflegen – einzig und allein das Licht sollte nicht zu grell sein. Schwimmpflanzen können es in manchen Bereichen dämpfen.

EASY

Hyphessobrycon herbertaxelrodi – Schwarzer Neon

Körpergröße: 4 cm **Haltung:** Gruppenfisch ab 8 Tiere **Temperatur:** 22–28 °C **pH-Wert:** 5,5–7,5
Beckengröße: ab 60 Liter **Herkunft:** Brasilien **GesamtHärte:** 5–15 dGH

Der schwarze Neon ist nur entfernt mit den rot-blauen Neons verwandt. Er ist jedoch auch ein friedlicher Gruppenfisch, der wie die meisten Salmlerarten gedämpftes Licht und dunklen Bodengrund bevorzugt. Mit einer Gruppe von 5 bis 10 Tieren sollte man mindestens planen, wobei auch kleinere Aquarien ab 60 Liter für diese Fische ausreichend sind.

MEDIUM

Iriatherina werneri – Filigran-Regenbogenfisch

Körpergröße: 4–5 cm **Haltung:** Schwarmfisch ab 6 Tiere **Temperatur:** 24–29 °C **pH-Wert:** 6–7,5
Beckengröße: ab 80 Liter **Herkunft:** Neuguinea, Australien **GesamtHärte:** 5–10 dGH

Ein Artaquarium mit einigen kleineren Bodenfischen und Wirbellosen ist für diese Fische wohl am ehesten geeignet. In ihrer Heimat besiedelt die Art stark verkrautete Gewässer. Sie reagiert relativ empfindlich auf starke Wasserschwankungen. Dennoch eignen sich die Tiere für dicht gesteckte Scapes mit vielen Wasserpflanzen. Da sie sich in der Natur hauptsächlich von Lebendfutter ernähren, ist dieses auch für das Aquarium zu empfehlen.

EASY

Pseudomugil gertrudae – Gepunktetes Blauauge

Körpergröße: 4 cm **Haltung:** Gruppenfisch ab 8–10 Tiere **Temperatur:** 24–28 °C **pH-Wert**: 6–7,5
Beckengröße: ab 60 Liter **Herkunft:** Neuguinea, Australien **GesamtHärte**: 5–15 dGH

In einem dicht bewachsenen Scape mit leichter Strömung fühlen sich diese Fische wohl. Vergesellschaften kann man sie mit anderen kleinbleibenden, friedlichen Arten – allerdings sollte die Gruppe immer aus 2 bis 3 Männchen und mehreren Weibchen bestehen. Beim Futter sind die Tiere nicht wählerisch und nehmen sowohl Trocken-, Frost- als auch Lebendfutter gerne an.

EASY

Paracheirodon simulans – Blauer Neon

Körpergröße: 3–4 cm **Haltung:** Schwarmfisch ab 15 Tiere **Temperatur:** 22–28 °C **pH-Wert**: 5,5–6,5
Beckengröße: ab 60 Liter **Herkunft:** Brasilien **GesamtHärte**: 2–10 dGH

Von den drei Neonarten, die im Handel angeboten werden, ist der blaue Neon am seltensten. Er unterschiedet sich von den anderen beiden Arten durch das fast vollständig fehlende Rot im Bauchbereich. Dieser ruhige Schwarmfisch kann mit fast allen kleineren Arten vergesellschaftet werden und legt viel Wert auf sauberes Wasser.

MEDIUM

Poecilia wingei – Endlers Guppy

Körpergröße: 3–4 cm **Haltung:** Gruppenfisch ab 5 Tiere **Temperatur:** 24–28 °C **pH-Wert**: 6.5–7,5
Beckengröße: ab 50 Liter **Herkunft:** Venezuela **GesamtHärte**: 10–25 dGH

Endler-Guppys stammen ursprünglich aus dem nordöstlichen Venezuela. Sie bleiben kleiner als die normalen Guppys. Haltung und Zucht sind einfach, und die im Handel befindlichen Futtersorten werden gerne genommen. In diesem Fall darf das Scape gut beleuchtet sein, da diese Fische sich sehr häufig an der Wasseroberfläche aufhalten und in der Natur auch die direkte Mittagssonne abbekommen.

EASY

Trigonostigma heteromorpha – Keilfleckbärbling

Körpergröße: 4–5 cm **Haltung:** Schwarmfisch ab 10 Tiere **Temperatur:** 22–28 °C **pH-Wert:** 5–7,5
Beckengröße: ab 60 Liter **Herkunft:** Indonesien, Malaysien, Thailand **GesamtHärte:** 5–15 dGH

Diese Bärblinge besiedeln Schwarzwasser führende Bäche und Stehgewässer in Indonesien, Malaysia und Thailand. Sie gelten zwar als einfach zu haltende Aquariumfische, dennoch sollte ihnen beim Futter eine gewisse Abwechslung geboten werden. Lebendfutter sollte unbedingt auf ihrem Speiseplan stehen, wobei sie auch Granulat- oder Flockenfutter gerne annehmen. Die Beleuchtung des Scapes sollte eher gedämpft sein.

EASY

Trigonostigma espei – Espes Keilfleckbärbling

Körpergröße: 2–3 cm **Haltung:** Schwarmfisch ab 10 Tiere **Temperatur:** 22–28 °C **pH-Wert:** 6–7
Beckengröße: ab 50 Liter **Herkunft:** Thailand, Kambodscha **GesamtHärte:** 2–12 dGH

Aus den kleinen Regenwaldbächen in Thailand und Kambodscha stammt Espes Keilfleckbärbling, den man schon einmal mit Trigonostigma heteromorpha (Keilfleckbärbling) verwechseln kann. Letzterer wird jedoch größer und besitzt auch eine größere keilförmige Zeichnung. Vergesellschaften sollte man Espes Keilfleckbärbling nur mit anderen Friedfischen, mit Wirbellosen und Bodenfischen. Um das Wohlbefinden der Tiere zu steigern, kann man über Torf filtern, da sie huminreiches Wasser bevorzugen.

EASY

Danio rerio – Zebrabärbling

Körpergröße: 5–6 cm **Haltung:** Schwarmfisch ab 10 Tiere **Temperatur:** 18–28 °C **pH-Wert:** 6–8
Beckengröße: ab 100 Liter **Herkunft:** Pakistan, Indien, Bangladesch und Nepal **GesamtHärte:** 5–25 dGH

Der Zebrabärbling hat schon Generationen von Aquarianern begeistert. Er ist wie der Guppy oder der Neon ein Klassiker der Aquaristik. Diese lebhaften Fische bevorzugen Scapes mit einer leichten Strömung, wobei das Aquarium immer abgedeckt sein sollte, da sie gerne aus dem Wasser springen. Haltung und Zucht sind relativ einfach, da die Tiere sehr anpassungsfähig sind.

EASY

Hyphessobrycon pulchripinnis – Zitronensalmer

Körpergröße: 5 cm **Haltung:** Schwarmfisch ab 10 Tiere **Temperatur:** 23–28 °C **pH-Wert:** 5,5–7,5
Beckengröße: ab 60 Liter **Herkunft:** Brasilien **GesamtHärte:** 5–10 dGH

EASY

Gute Wasserqualität ist wichtig für den Zitronensalmer, der sein Verbreitungsgebiet im Rio-Tapajos-Bassin in Brasilien hat. Diese Fische lieben Scapes, die dicht bepflanzt sind und eine leichte Strömung haben. Der Boden sollte dunkel sein. Die Fische sollten regelmäßig mit Lebendfutter verwöhnt werden. Oft bilden die Männchen kleinere Reviere, die sie gegen andere Artgenossen verteidigen.

Inpaichthys kerri – Blauer Kaisersalmer

Körpergröße: 4 cm **Haltung:** Schwarmfisch ab 10 Tiere **Temperatur:** 22–28 °C **pH-Wert:** 5,5–7,5
Beckengröße: ab 80 Liter **Herkunft:** Brasilien **GesamtHärte:** 2–10 dG

MEDIUM

Ebenfalls aus Brasilien stammt der blaue Kaisersalmer, der hier kleinere und größere Fließgewässer besiedelt. Die silbrig-blaue Farbe der Männchen entwickelt sich am besten in weichem Wasser, in dem sich die Tiere naturgemäß am wohlsten fühlen. Diese Art kommt unter gedämpftem Licht und mit dunklem Bodengrund erst richtig zur Geltung. Die Männchen besetzen kleinere Reviere und lieben dicht bewachsene Scapes.

Aplocheilichthys normani – Blauer Leuchtaugenfisch

Körpergröße: 4 cm **Haltung:** Schwarmfisch ab 10 Tiere **Temperatur:** 22–26 °C **pH-Wert:** 6–7,5
Beckengröße: ab 50 Liter **Herkunft:** Zentralafrika **GesamtHärte:** 5–12 dGH

MEDIUM

Diese Fische besiedeln stehende und fließende Gewässer in den Savannen Zentral- und Westafrikas. Das Scape sollte einen dunklen Bodengrund haben und eine dichte Bepflanzung aufweisen. Schwimmpflanzen sind von Vorteil. Diese Art ist sehr friedlich und kann problemlos mit Wirbellosen und anderen Friedfischen vergesellschaftet werden. Lebend- und Frostfutter sollte unbedingt auf dem Speiseplan stehen.

Ladigesia roloffi – Orangeroter Zwergsalmler

Körpergröße: 3–4 cm **Haltung:** Schwarmfisch ab 10 Tiere **Temperatur:** 22–26 °C **pH-Wert:** 6–7
Beckengröße: ab 60 Liter **Herkunft:** Liberia, Sierra Leone **GesamtHärte:** 2–10 dGH

Der aus Westafrika stammende Ladigesia roloffi ist etwas seltener in der Aquaristik zu finden. Außer mit Pflanzen kann das Scape mit Wurzelholz und Steinen gestaltet werden. Der bevorzugte Aufenthaltsort der Fische ist der mittlere Beckenbereich. Was das Verhalten angeht, ist der Orangerote Zwergsalmler als friedlich einzustufen. Erst in einer Gruppe ab 10 Tieren fühlen sich diese Tiere wohl.

MEDIUM

Nannostomus marginatus – Zwergziersalmler

Körpergröße: 3-4 cm **Haltung:** Schwarmfisch ab 10 Tiere **Temperatur:** 22–28 °C **pH-Wert:** 5–7,5
Beckengröße: ab 60 Liter **Herkunft:** Südamerika, Guyana, Surinam **GesamtHärte:** 5–15 dGH

Der Zwergziersalmler lebt in größeren Schwärmen im Uferbereich von meist abgeschatteten Fließgewässern. Es sind ruhige Tiere, die nicht mit ruppigen oder großen Mitbewohnern vergesellschaftet werden sollten. Beim Futter sind sie nicht sehr wählerisch, sie nehmen sowohl Trocken- als auch Lebenfutter gerne an.

MEDIUM

Microrasbora kubotai – Grüner Zwergbärbling

Körpergröße: 1,6 cm **Haltung:** Schwarmfisch ab 10 Tiere **Temperatur:** 22–26 °C **pH-Wert:** 6–7,5
Beckengröße: ab 50 Liter **Herkunft:** Burma, Thailand **GesamtHärte:** 5–10 dGH

Dieser ruhige und friedliche Schwarmfisch liebt eine dichte Bepflanzung und weiches Wasser. Diese Art ist nur sporadisch im Zoofachhandel anzutreffen, obwohl man sie wunderbar mit Garnelen der Gattung Neocaridina und Caridina vergesellschaften kann. In gut bepflanzten Scapes mit gedämpftem Licht und dunklem Bodengrund zeigen die Tiere ihre besten Farben.

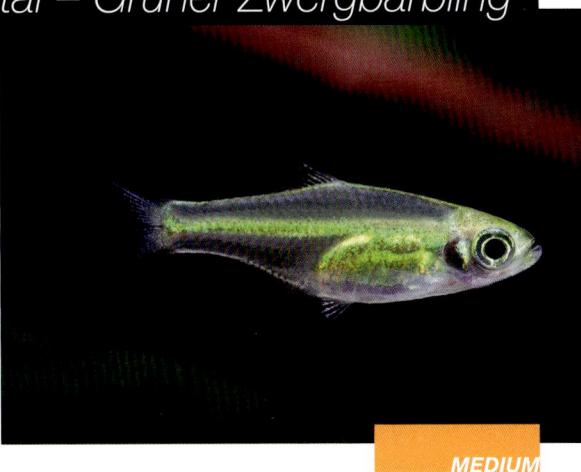

MEDIUM

Microrasbora erythromicron – Querstreifen-Zwergbärbling

Körpergröße: 2 cm **Haltung:** Schwarmfisch ab 10 Tiere **Temperatur:** 22–25 °C **pH-Wert**: 7–8
Beckengröße: ab 40 Liter **Herkunft**: Burma **GesamtHärte:** 10–25 dGH

MEDIUM

Diese kleinen Fische sind recht scheu. Sie lieben eine dichte Bepflanzung, etwas Strömung und gedämpftes Licht. Sie nehmen sowohl Lebend- als auch Trockenfutter an und sind in der Haltung relativ anspruchslos. Aufgrund ihrer geringen Größe sind sie auch für kleinere Scapes ab 40 Litern geeignet.

Rasbora vaterifloris – Perlmuttbärbling

Körpergröße: 3–4 cm **Haltung:** Schwarmfisch ab 10 Tiere **Temperatur:** 24–28 °C **pH-Wert**: 6–7
Beckengröße: ab 80 Liter **Herkunft**: Sri Lanka **GesamtHärte:** 5–10 dGH

MEDIUM

Auch ein eher seltener Gast in unseren Aquarien ist dieser Rasbora aus den Bergflüssen Sri Lankas. Er ist ein friedlicher Fisch, der allerdings sehr große Anforderungen an die Wasserqualität stellt. Häufige Wasserwechsel sind wichtig. Je mehr Bärblinge im Scape sind, desto lebhafter werden die Fische. Offensichtlich fühlen sie sich in großen Schwärmen wohler und sicherer.

Boraras brigittae – Zwergbärbling

Körpergröße: 3 cm **Haltung:** Schwarmfisch ab 10 Tiere **Temperatur:** 22–26 °C **pH-Wert**: 4–7,5
Beckengröße: ab 50 Liter **Herkunft**: Borneo/Indonesien **GesamtHärte:** 5–15 dGH

EASY

Boraras brigittae ist ein Zwergfisch, der sich bestens zur Vergesellschaftung mit Zwerggarnelen eignet. Der kleine Schwarmfisch ist sehr intensiv gefärbt und absolut friedlich. Diese Art pflegt man am besten allein oder nur mit anderen Minifischen oder Garnelen. Ihr Verbreitungsgebiet liegt in Borneo, wo sie in langsam fließenden Gewässern vorkommt. Die Tiere bevorzugen weiches Wasser mit einem leicht sauren ph-Wert.

Caridina cf. cantonensis „Crystal Red" – Kristallrote Bienengarnele

Körpergröße: 20–30 mm **Temperatur:** 16–24 °C **pH-Wert:** 6–7,5 **Härte:** bis 4 KH
Beckengröße: ab 20 Liter **Herkunft:** Zuchtform aus Japan **Vermehrung:** Süßwasser

Sie, die unangefochtene Königin unter den Garnelen, ist mit ihren vielen Farbformen und Zeichnungsmustern zur beliebtesten Süßwassergarnele in der Aquaristik geworden. Die rote Farbform wurde wohl im Jahr 1991 von einem japanischen Garnelenliebhaber namens Hisayasu Suzuki in einem seiner Garnelenbecken entdeckt. Durch Selektion und Rückkreuzung gelang es ihm, die Tiere erbfest zu machen und somit den Grundstein für ihren weltweiten Siegeszug zu legen. Je nach Grad der Zuchtauslese können diese Tiere allerdings empfindlicher sein als ihre Stammform.

MEDIUM

Caridina cf. cantonensis „Biene" – Bienengarnele

Körpergröße: 20–30 mm **Temperatur:** 16–24 °C **pH-Wert:** 6–7,5 **Härte:** bis 4 KH
Beckengröße: ab 20 Liter **Herkunft:** Hong Kong **Vermehrung:** Süßwasser

Mit ihrer schwarz-weißen Zeichnung und dem orange-gelben Schwanzfächer ist die Bienengarnele leicht von anderen Garnelenarten zu unterscheiden. Sie ist die Wildform der im Aquarium gezüchteten Crystal-Red-Garnele und stammt aus dem Umland von Hong Kong, wo sie bisher nur in zwei Bächen nachgewiesen wurde. Wir gehen davon aus, dass es sich hierbei um eine neue, noch unbeschriebene Art handelt, die Untersuchungen sind jedoch noch nicht abgeschlossen, weshalb sie als *Caridina cf. cantonensis* geführt wird.

MEDIUM

Caridina cf. cantonensis „Tiger" - Tigergarnele

Körpergröße: 20–30 mm **Temperatur:** 15–26 °C **pH-Wert:** 6–7,5 **Härte:** bis 7 KH
Beckengröße: ab 20 Liter **Herkunft:** Südchina **Vermehrung:** Süßwasser

Als Tigergarnelen werden mehrere im Handel befindliche Arten bezeichnet, die bisher alle als Caridina cf. cantonensis geführt werden. Es handelt sich aber hier um eine neue Art, die bald wissenschaftlich beschreiben werden wird.
Charakteristisch für die Wildformen sind die Streifen an den Seiten des Hinterleibs, die einem Tigermuster ähneln. In der Natur sind vereinzelt auch ganz dunkelblaue oder sogar schwarze Tiere zu finden. Die Wildformen stammen alle aus Südchina, wo sie in Bächen und überfluteten Grasflächen gefangen werden.

MEDIUM

Caridina multidentata – Amano-Garnele

Körpergröße: 35–55 mm **Temperatur**: 16–28 °C **pH-Wert**: 7–8,3 **Härte**: bis 20 KH
Beckengröße: ab 60 Liter **Herkunft**: Japan **Vermehrung**: Brack- und Meerwasser

Die Art stammt aus dem südlichen Teil Zentraljapans und kommt dort besonders in Flüssen vor, die in den Pazifischen Ozean entwässern. Auch in taiwanesischen Flüssen, die ebenfalls in den Pazifischen Ozean entwässern, ist diese Art zu finden. Erstaunlich ist, dass sie bis zu 8 Jahre und älter werden kann, insbesondere wenn man bedenkt, dass die meisten Zwerggarnelenarten nur zwei bis drei Jahre leben. Man kann sie gut mit anderen Zwerggarnelen vergesellschaften, allerdings sind sie manchmal etwas dominant, vor allem, wenn gefüttert wird.

MEDIUM

Neocaridina davidi – Algengarnele, Rückenstrichgarnele, Red Fire

Körpergröße: 20–30 mm **Temperatur**: 4–28 °C **pH-Wert**: 6–8 **Härte**: bis 15 KH
Beckengröße: ab 20 Liter **Herkunft**: China, Taiwan, Korea, Japan **Vermehrung**: Süßwasser

Sie ist in der Aquaristik am weitesten verbreitet und wird meist Cherry-Shrimp, Red-Fire- oder Sakura-Garnele genannt. Die Heimatgewässer dieser sehr variablen Art liegen in China und Taiwan. An die Haltungsbedingungen stellt diese Art wenige Ansprüche und kann auch bedenkenlos von Anfängern des Hobbys gepflegt werden. Eine Heizung wird nicht benötigt, und auch im Bezug auf die anderen Wasserparameter sind diese Garnelen nicht wählerisch. Mittlerweile gibt es neben der roten Form noch eine Menge unterschiedlicher Farben und Muster dieser Art im Handel.

MEDIUM

Neocaridina palmata – Weißperlen-Garnele

Körpergröße: 25–35 mm **Temperatur**: 10–30 °C **pH-Wert**: 6–8,3 **Härte**: bis 15 KH
Beckengröße: ab 20 Liter **Herkunft**: Zuchtform aus Deutschland **Vermehrung**: Süßwasser

Das Verbreitungsgebiet dieser Art befindet sich in China, wobei die Ursprungsform eher unscheinbar grau bis transparent erscheint und fast ganz aus der Aquaristik verschwunden ist. Die weiße Zuchtform hingegen ist unter Aquarianern weit verbreitet. Diese Garnelen lassen sich leicht vermehren und sind somit auch für Anfänger ideal. Tragende Weibchen haben weiße Eier, daher der Name „White Pearl". Diese kann man schon bei der Entstehung in den Gonaden als weiße Flecke im Nackenbereich erkennen, bevor sie in die Bauchtasche wandern.

EASY

Clithon diadema, Diadem- oder Geweihschnecke

Körpergröße: 1 bis 1,5 cm **Temperatur**: 10–30 °C
pH-Wert: 7,0–8,5 **Beckengröße**: ab 10 Liter **Herkunft**: Südostasien

Clithon diadema ist eine variable Art aus dem Indopazifik. Sie lebt meist in Flussmündungen auf Steinen und Holz und ist dort schwankenden Wasserbedingungen ausgesetzt. Sie kann permanent im Süßwasser leben und ist für Nanoaquarien und kleinere Becken gut geeignet. Die Art kann unterschiedliche Farben und Muster hervorbringen, im Handel sind oft gelb-schwarz gestreifte Tiere zu finden. Die großen Stacheln auf der Schalenoberseite sind äußerst attraktiv. Im Aquarium konnte bisher kein Dornenwuchs beobachtet werden. Diese Schnecken vermehren sich nicht im Süßwasser.

MEDIUM

Vittina turrita, Zebra-Rennschnecke

Größe: 2 bis 3 cm **Temperatur**: 20–35 °C **pH-Wert**: 7,0 bis 8,5 **Beckengröße**: ab 50 Liter **Vorkommen**: Südostasien bis Taiwan und Französisch-Polynesien. Süd- Mittelamerika, USA (von Brasilien bis Florida.)

Vittina turrita wird häufig importiert. Im Handel werden diese Schnecken meist als Neritina sp. oder auch als Napf- oder Rennschnecken bezeichnet. Sie sind als gute Algenfresser bekannt und werden vor allem für größere Aquarien empfohlen. In der Natur besiedelt V. turrita die Mündungsgebiete kleinerer Bäche bis größerer Flüsse, wo sie auf Steinen und Schwemmholz lebt. Ist ein Aquarium nicht abgedeckt, unternehmen die Tiere Ausflüge und werden nicht selten tot auf dem Boden gefunden. Die Schneckenlarven brauchen Brack- oder Meerwasser, um sich zu entwickeln.

MEDIUM

Vittina semiconica, Orange-Track-Rennschnecke

Größe: 2 bis 2 cm **Temperatur**: 20–35 °C **pH-Wert**: 7,0 bis 8,5
Beckengröße: ab 50 Liter **Vorkommen**: Südostasien und Französisch Polynesien

In der Natur besiedelt diese Schnecke die Mündungsgebiete kleinerer Bäche bis größerer Flüsse, wo man sie auf Steinen und Holz findet. Ist das Aquarium nicht abgedeckt, können die Tiere das Wasser verlassen. Sie vertrocknen, wenn sie nicht schnell gefunden werden. Neben Algen frisst V. semiconica fast alles an Futtermitteln aus dem Handel, aber auch Frischfutter wie Hokkaidokürbis, Eichenlaub oder Gurke. Die Grundfarbe ist oft ein dunkles Rotbraun oder Schwarz, das Farbmuster gezackt oder geradlinig, gelb oder schwarz mit und ohne Unterbrechungen. Eine Vermehrung im Aquarium ist nicht möglich.

MEDIUM

Step by Step

Auf den nächsten Seiten zeigen wir Ihnen die Neueinrichtung einer Aquascaping-Landschaft – Step by Step – in einem Scaper Tank 50L. Das Hardscape-Material Islandlava ist gerade für den Anfänger bestens geeignet, da es wasserneutral ist. Als Bodengrund wurde Deponit-Nährboden und brauner Quarzkies verwendet. Bei den Pflanzen haben wir wüchsige und leicht zu pflegende Arten ausgewählt.

Wild Barranco

Wer schon einmal auf Teneriffa Urlaub gemacht hat, kennt vielleicht die wilden, tief eingeschnittenen Felsschluchten im Lavagestein - die sogenannten Barrancos. Die Wildheit dieser Schluchten, aber auch die Fruchtbarkeit des Lavagesteins waren die Inspirationsquelle für dieses Layout. Besonders kontrastreich wirkt das dunkle, düstere Lavagestein zum frischen, üppigen Grün von Hemianthus micranthemoides. Der Einblick in die Schlucht sowie die flach wachsenden Pflanzen Marsilea und Eleocharis im Vordergrund erhöhen die Tiefenwirkung.

Pflanzen
[1] Rotala rotundifolia
[2] Rotala spec. 'Grün'
[3] Hemianthus micranthemoides
[4] Eleocharis pusilla
[5] Marsilea hirsuta

Bodengrundaufbau und Hardscape

Der Bodengrund wird in das Aquarium eingefüllt und verteilt.

Als nächste Schicht wird Quarzkies über den Nährboden aufgetragen.

Zunächst werden die großen Hauptsteine gesetzt.

Die beiden Hauptsteine bilden die Talschlucht und sind die Focuspunkte des Scapes.

Kleinere Steine vervollständigen das Hardscape.

An den Stellen, wo nur wenige Pflanzen wachsen sollen, wird Ziersand aufgeschüttet.

Das Hardscape ist nun vollständig und kann bepflanzt werden.

Aufsicht auf das Hardscape. Der Bereich mit braunem Quarzkies wird bepflanzt.

Sandwichsystem mit Nährboden und Quarzkies.

Bepflanzung

Über Wasser kultivierte Pflanzen, wie sie in jedem gut sortierten Zoofachgeschäft zu finden sind.

Der Steinwollwürfel mit dem Wurzelballen wird aus dem Gittertopf genommen.

Die Steinwolle wird mit Hilfe einer Schere oder auch mit der Hand entfernt.

Von der Steinwolle gereinigte Wurzeln der Stängelpflanze.

Stängelpflanzen können vor dem Einsetzen eingekürzt werden.

Fertig vorbereitete Stängelpflanzen, für das Einsetzen bereit.

Mit Hilfe einer Pflanzenpinzette werden die Stängel in den Kies gesetzt.

Polsterbildende Pflanzen können gut aufgeteilt werden.

Ein Teil der Steinwolle kann als „Dübel" verwendet werden, damit die Pflanze einen besseren Halt hat.

Hintergrund- und Mittelgrundpflanzen sind nun an Ort und Stelle.

Das grasartige Pflanzenpolster wird in größere Teilstücke geschnitten.

Diese Teilstücke werden je nach Bedarf portioniert.

Bepflanzung

Die Teilstücke der Vordergrundpflanze werden gleichmäßig verteilt.

Auch zwischen den Steinen kann man die Teilstücke gut platzieren.

Die Vordergrundpflanzen sind nun teilweise eingesetzt.

Pflanzen stets feucht halten, dazu ab und zu mit Wasser besprühen.

Die restlichen Vordergrundpflanzen werden nun eingesetzt.

Fertig bepflanztes Aquarium in der Aufsicht.

Wasser einfüllen

Das bepflanzte Hardscape wird nun mit einem Papiertuch abgedeckt, damit das Layout beim Einfüllen des Wassers nicht durcheinandergewirbelt wird.

Um das Papiertuch in engen Kontakt mit dem Aufbau zu bringen, sollte man es im Vorfeld besprühen.

Das Wasser kann nun mit einem Schlauch oder einer Gießkanne eingefüllt werden.

Das Papiertuch wird bis zum vollständigen Auffüllen im Aquarium belassen.

Vorsichtig entfernt man dann alle Papierreste.

Frisch befülltes Aquarium, das man nun mit der Technik bestücken kann.

Der erste Rückschnitt

Nach wenigen Wochen schon kann man den ersten Rückschnitt vornehmen.

Pflanzenreste werden entfernt.

Für wenige Tage wirkt das Aquarium nach dem Rückschnitt weniger attraktiv, jedoch erholt sich der Pflanzenbestand in kurzer Zeit und wächst kompakter.

Pflege

Die Pflege eines Aquariums ist ein wesentlicher Bestandteil einer prächtigen Unterwasserlandschaft. Maßnahmen wie Wasserwechsel und Düngung sind zwar keine besonders spannenden Tätigkeiten, aber spätestens beim Zurückschneiden und Trimmen der Pflanzen beginnt die gärtnerische Arbeit unter Wasser – und die ist für jeden Pflanzenfreak ein echter Lustfaktor und kein notwendiges Übel. Der zeitliche Aufwand hängt von verschiedenen Faktoren ab wie beispielsweise der Aquariengröße, der Pflanzenauswahl sowie dem Stadium, in welchem sich das Aquarium befindet. So ist der Aufwand in den ersten Wochen etwas intensiver als bei einem eingefahrenen Aquarium.

Wasserwechsel

Der regelmäßige Wasserwechsel ist die Basis für ein biologisches Gleichgewicht. In der Natur werden Abfall- und Hemmstoffe durch das fließende Wasser abtransportiert. Im Aquarium entfernt man sie durch einen regelmäßigen Wasserwechsel. Diese häufige Wassererneuerung ist für das problemlose Funktionieren eines Aquariums von entscheidender Bedeutung. Frisches Leitungswasser ist jedoch meist nicht direkt für das Aquarium geeignet, da es für Fische und Pflanzen gefährliche Stoffe enthalten kann. Auf der anderen Seite fehlen wichtige Inhaltsstoffe natürlicher Gewässer, z. B. Huminstoffe, Spurenelemente und organische Kolloide. Deshalb ist es empfehlenswert, einen Wasseraufbereiter für das Frischwasser zu verwenden.

In einigen Regionen sind die Wasserwerte für Süßwasseraquarien zu hart und daher ungünstig. Hier empfiehlt es sich, das Wasser mit Hilfe einer Osmoseanlage aufzubereiten. Funktionsprinzip ist die sogenannte Umkehrosmose: Das Leitungswasser wird mit Hilfe des Druckes der Hauswasserleitung durch eine Spezialmembran mit ultrafeinen Poren gepresst. Nur die kleinen Wassermoleküle passen hindurch. Die größeren Schadstoffmoleküle, Härtebildner und Salze werden ausgefiltert. Sogar Bakterien und Viren werden entfernt.
Bei einer Neueinrichtung ist ein Wasserwechsel im Abstand von 3-4 Tagen in den ersten 3 Wochen sehr zu empfehlen. 30–50 % der Wassermenge auszutauschen ist ein guter Richtwert. Nach einigen Wochen hat sich das Ökosystem schon ein wenig eingespielt, und es genügt ein wöchentlicher Wasserwechsel von ca. 30 %. Je nach Bepflanzungsart und Fischbesatz kann man auch mit einem vierzehntäglichen Rhythmus gut auskommen. Idealerweise sind eigene Erfahrungen und Beobachtungen am hilfreichsten.

Dennerle Umkehrosmose-Anlage

Nachdüngen

Um die Ernährung der Pflanzen über die Wurzel muss man sich nicht jede Woche kümmern. Deponit-Nährboden oder Soil versorgen die Pflanzen über viele Monate oder sogar Jahre ausreichend mit Nährstoffen. Individuell kann man mit Düngekugeln oder Dünge-Tabs gezielt ausgewählte Bodenbereiche über mehrere Monate zusätzlich düngen.

Die CO_2-Düngung wird in der Regel durch die entsprechende Technik eingestellt. Hier muss man lediglich den Inhalt der CO_2-Flaschen prüfen. Eine volle Vorratsflasche sollte immer im Haus sein, damit die Versorgung nur während des raschen Wechsels unterbrochen wird. Bei der Flüssigdüngung des Aquarienwassers ist die Situation eine andere. Sehr oft wird die Flüssigdüngung mit dem Wasserwechsel kombiniert. Durch den Wasserwechsel werden zwar überschüssige Nährstoffe entfernt, das reine Frischwasser führt aber wieder zu einem gewissen Mangel an Nährstoffen. Deshalb ist es auch sinnvoll, bei einem wöchentlichen Wasserwechsel gleichzeitig zu düngen. Natürlich ist auch eine tägliche Düngung in geringerer Dosierung möglich, jeder Aquascaper hat da so seine eigenen Richtwerte und Empfehlungen.

„Um die Nährstoffe auch in den letzten Winkel des Aquariums zu transportieren, ist eine gute Strömung im Becken sehr wichtig", so der Hinweis von Andreas Ruppert. Seine Empfehlung ist ein hoher Filterdurchsatz, aber auch eine kleine zusätzliche Strömungspumpe kann für eine optimale Verteilung der Nährstoffe hilfreich und wirksam sein.

Scheiben reinigen

Damit eine schöne Unterwasserlandschaft optimal wirken kann, ist ein ungehinderter Einblick in das Aquarium notwendig. Deshalb ist es empfehlenswert, die Innenscheiben wöchentlich zu reinigen. Bei diesem Turnus bleibt der Aufwand sehr gering, und der feine Algenaufwuchs lässt sich mühelos entfernen. Der Handel bietet eine Fülle von verschiedenen „Putzhilfen" an, aber auch jeder Aquarianer hat da so seine selbstgebastelten Geheimwaffen. Besonders beliebt sind Magnetscheibenreiniger wie der Nano Alginator, er reinigt durch die abgerundeten Seiten auch die schwer zugänglichen runden Ecken von Nano Cubes und Scaper Tanks.

Pflanzen Ausputzen

„Pflanzen ausputzen" ist ein Begriff aus dem Gartenbau. Er bezieht sich auf das Entfernen von verwelkten Blüten, bevor der Samenansatz erfolgt. Dies ist natürlich in einem Aquarium nicht gemeint, aber die Tätigkeit an sich ist derselbe Vorgang. Ältere und unschöne Blätter sowie abgestorbene Pflanzenteile sollte man jede Woche entfernen.

Für viele Aquascaper gehört das Zurückschneiden von Pflanzen zur Lieblingsbeschäftigung. Dabei gilt es nicht nur, einfach zu groß gewordene Pflanzen auf ein richtiges Maß einzukürzen, damit es wieder „ordentlich" aussieht. Erst die richtigen Schnittmaßnahmen führen zu beeindruckenden Naturlandschaften im Kleinformat unter Wasser. Dabei ist ein Basiswissen über das Wuchsverhalten der verschiedenen Pflanzen hilfreich, um die dem Layout zugrunde liegende Idee auch optimal verwirklichen zu können. Das Einrichten einer Landschaft mit einem schönen Hardscape ist eine Kunstform an sich, die dauerhafte Pflege aber zeigt den wahren

SCHNEIDEN UND TRIMMEN

künstlerischen Aspekt beim Aquascaping. Für die meisten Aquscaper ist gerade diese „gärtnerische" Arbeit im Aquarium ein Teil des Naturerlebnisses! Wie für einen Bergwanderer ist nicht der Gipfel das wichtigste Ereignis, sondern der Weg dorthin.

Stängelpflanzen schneiden

Die meisten Stängelpflanzen-Arten sind schnellwüchsig und müssen daher regelmäßig geschnitten werden. Vielen Pflanzenliebhabern fällt es gerade am Anfang sehr schwer, einen prächtigen Bestand abzuschneiden. Prinzipiell gilt aber: je kräftiger der Rückschnitt – desto kompakter der Wuchs. Auch die notwendige Häufigkeit des Rückschnittes muss man bei der Planung des Layouts berücksichtigen. In der Regel treibt ein beschnittener Stängel mit zwei neuen Seitentrieben aus. Ein kleines Beispiel: Eine Gruppe von 20 Stängeln der *Rotala spec.* 'Grün' wird in ca. 8–10 cm Höhe beschnitten. Daraus treiben die neuen Seitentriebe und verdoppeln den Bestand. Nach einigen Wochen wird der Bestand erneut zurückgeschnitten, und wieder verdoppelt sich die Anzahl der Triebe. Jetzt ist der Bestand auf 80 Stängel herangewachsen und bildet so ein dichtes Pflanzenpolster. Beim Arbeiten sollte man immer mit einer scharfen Schere schneiden, um Quetschungen am Stängel zu vermeiden. Mit dem Rückschnitt erhält die Pflanzengruppe nach und nach auch die gewünschte Form. Dem Kreativen sind hier keine Grenzen gesetzt – fast alles ist möglich, ob wellenförmige Anordnungen, steile Perspektiven oder sogar kugelförmige Gebilde.

Rosettenpflanzen schneiden

Rosettenpflanzen wie *Echinodorus* oder *Cryptocoryne* treiben ihre neuen Blätter aus der Basis. Meist werden Rosettenpflanzen nur ausgeputzt, d.h. ältere äußere Blätter werden entfernt, damit die Pflanze wieder freier und lockerer wirkt. Ein radikaler Rückschnitt knapp über dem Bodengrund führt zu einem neuen Austrieb der Pflanze, meist mit kleineren und kompakteren Blättern. Gerade bei den *Cryptocorynen* ist diese Maßnahme sehr zu empfehlen.

Rasenbildende Pflanzen schneiden

Ein dichter Teppich der Eleocharis pusilla ist ein herrlicher Anblick. Mit Hilfe einer gebogenen scharfen Schere werden die Gräser bis auf 1 cm kräftig zurückgeschnitten. Nach 1–2 Monaten ist der Bestand dicht und kompakt nachgewachsen. Auch mit anderen grasartigen Pflanzen wie Helanthium oder Lilaeopsis kann man so verfahren.

Moose und polsterbildende Pflanzen trimmen

Moose und polsterbildende Pflanzen wie Hemianthus callitrichoides bilden sehr flache Teppiche. Regelmäßig sollte ein nur wenige Millimeter tiefer Rückschnitt erfolgen. Dies bezeichnet man auch als Trimmen der Pflanzen.

Pflanzendüngung

In der Natur findet man Aquarienpflanzen in sehr unterschiedlichen Lebensräumen.

Die absoluten Spezialisten wie z.B. Vallisnerien, Cabomba oder Egeria haben sich an ein dauerhaftes Leben unter Wasser angepasst. Diese Pflanzen nehmen die von ihnen benötigten Nährstoffe über den Bodengrund und über das Wasser auf. Ein Großteil der Aquarienpflanzen sind aber eigentlich Sumpfpflanzen, welche periodisch trockenfallen und daher über und unter Wasser wachsen können. Hier erfolgt die Nährstoffaufnahme während der „Trockenzeit" fast nur über die Wurzeln. Echinodorus, Cryptocorynen und viele Stängelpflanzen wie Hygrophila und Ludwigia gehören zu dieser Gruppe. Bei der Pflanzenpflege im Aquarium sollte die Nährstoffaufnahme immer über die Wurzeln aus dem Nährboden und eine Nährstoffaufnahme über das Blatt aus dem Wasser ermöglicht werden.

Pflanzen benötigen eine Vielzahl an lebensnotwendigen Nährstoffen, diese werden auch als Makronährelemente bezeichnet. Neben den vier Grundelementen Kohlenstoff, Wasserstoff, Sauerstoff und Stickstoff sind auch die weiteren Elemente wie Phosphor, Kalium, Schwefel, Calcium und Magnesium essentiell.

Bei den Spurennährstoffen sind insbesondere Eisen, Mangan, Zink, Kupfer, Chlor, Bor und Molybdän wichtig. Es werden zwar je nach Pflanzengattung oder Art nur geringste Mengen benötigt, aber ohne diese Elemente ist eine ausgewogene Pflanzenernährung nicht möglich. Um zu verstehen, warum Pflanzen wachsen oder nicht, ist das Minimumgesetz von Carl Sprengel (1828) und Justus Liebig (1855) wichtig. Es besagt, dass das Wachstum einer Pflanze durch die knappste Ressource begrenzt wird. Auch wenn andere Nährstoffe im Überfluss vorliegen, haben sie keinen Einfluss auf das Wachstum mehr.

Aus gutem Grund – Bodengrund

Für die meisten Aquarienpflanzen ist eine Nährstoffaufnahme über die Wurzel lebensnotwendig. In der Natur findet man eine Vielzahl von unterschiedlichen Böden wie Sandböden, Tonböden, Lehmböden, Kalkböden sowie Humusböden. Für viele Pflanzen am günstigsten ist eine Mischung aus Sand, Ton und Humus. Quarzsand schafft ein ideales Porenvolumen für eine gute Durchlüftung. Tonmineralien regulieren den Nährstoffhaushalt. Sie geben Nährstoffe bei Bedarf ab und nehmen sie bei einem Überangebot auf. Huminreiche Naturtorfe sorgen für ein leicht saures Bodenmilieu wie in der Natur. Konzentriertes Nähreisen sichert einen ausgeglichenen Wuchs und sattgrüne Blätter.

Ein Langzeit-Nährboden wird immer in Kombination mit einer Kiesschicht verwendet. Ideal ist Kristall-Quarzkies mit abgerundeten Körnern. In der Kiesschicht kann das Wasser langsam zirkulieren, und nach und nach entsteht mit dem Nährboden zusammen ein riesiger biologischer Filter.

Scaper's Soil

Eine Alternative zum Langzeit-Bodengrund ist das Nährsubstrat Scaper's Soil. Hier handelt es sich um einen aktiven Bodengrund, der den pH-Wert und die Karbonathärte senkt. Viele Fisch-, Garnelen- und Pflanzenarten lieben weiches, leicht saures Wasser wie in den Tropen. Active Soil besteht zu 100 % aus natürlichen Rohstoffen. Hergestellt aus verschiedenen sorgfältig ausgewählten natürlichen Erden liefert er alle lebenswichtigen Mineralien und Spurenelemente, die Aquarienpflanzen täglich benötigen. Die unregelmäßig geformten Körner mit einem Durchmesser von 1 bis 4 mm lassen den Boden besonders natürlich wirken. Seine lockere Struktur erlaubt eine optimale Bodendurchflutung, Pflanzenwurzeln können gut einwachsen. Active Soil bietet die perfekte Basis für gesundes, kraftvolles Pflanzenwachstum und prächtige Farben. Eine Kiesschicht wie beim Langzeit-Nährboden ist nicht notwendig.

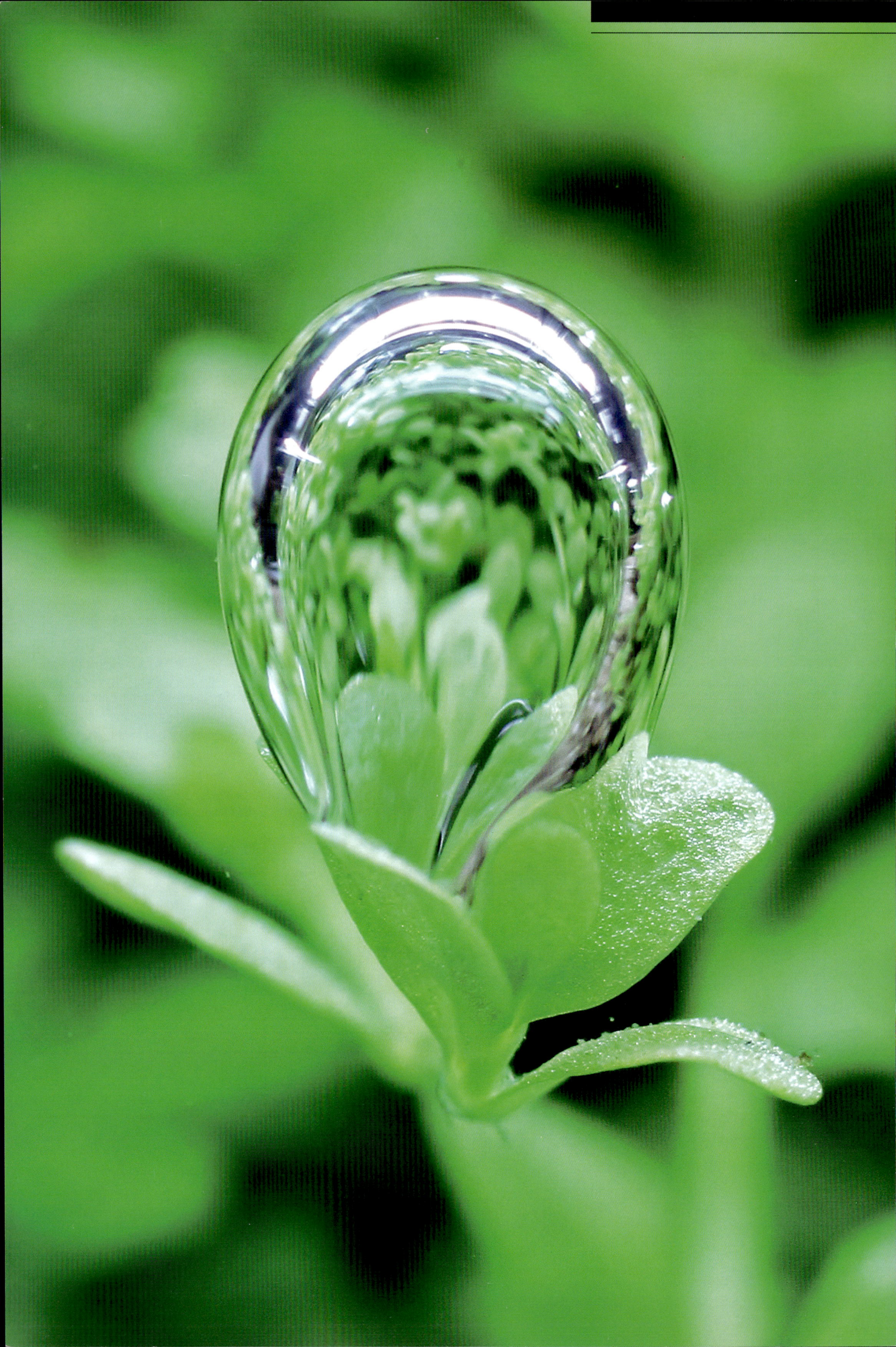

Pflanzendüngung CO$_2$

Kohlenstoff ist einer der wichtigsten Nährstoffe. Er wird für die Photosynthese benötigt. Bei diesem wichtigsten Stoffwechselschritt auf unserem Planeten wird aus Kohlendioxid und Wasser unter Zuhilfenahme von Sonnenlicht Zucker als Energielieferant produziert. Bei Landpflanzen ist die Aufnahme von CO$_2$ kein Problem, da die CO$_2$-Konzentration in der atmosphärischen Luft hoch genug ist. Wasserpflanzen hingegen nutzen das gelöste CO$_2$ im Wasser, welches durch Abbauprozesse in der meist dicken Schlammschicht entsteht. Eine weitere Anpassung an das Leben unter Wasser ist die Fähigkeit dieser Pflanzen, aus Hydrogencarbonat Kohlenstoff zu entziehen.

Dieser Vorgang, die sogenannte „biogene Entkalkung", ist an einigen Naturstandorten gut zu beobachten. Auf der Blattoberseite bildet sich ein grau-weißer Kalkbelag von körniger Substanz. Dieses Phänomen tritt auch im Aquarium auf, wenn die Kohlenstoffquellen aus der Atmung von Fischen, Pflanzen und Mikroorganismen aufgebraucht sind. Aus der Karbonathärte wird Kohlenstoff gewonnen. Dadurch kann der pH-Wert zu stark absinken, er wird instabil, und ein Säuresturz droht.

Die Kohlendioxiddüngung im Aquarium. Für ein gut funktionierendes Ökosystem in einem Aquarium mit Pflanzen und Fischen ist eine gute Versorgung mit Kohlendioxid ein wichtiger Baustein. Prächtig wachsende Pflanzen versorgen das System mit dem lebensnotwendigen Sauerstoff, binden Nährstoffe und geben den Fischen Versteckmöglichkeiten.

Zwei Systeme zur Kohlenstoffversorgung stehen zur Auswahl: Das Bio-CO$_2$-System und das CO$_2$-System mittels Druckgas. Für kleinere Aquarien bis 120 l ist das Bio-CO$_2$-System ein einfacher und günstiger Einstieg für die wichtige CO$_2$-Versorgung im Aquarium. Das zugrundeliegende Prinzip ist die Hefegärung - wie beim Herstellen eines Hefeteiges. Die Hefen atmen durch ihren Stoffwechsel CO$_2$ aus, und der Hefeteig geht auf bzw. unsere Aquarien werden mit CO$_2$ versorgt. Druckgassysteme mit CO$_2$-Vorratsflaschen stellen in Hinsicht auf Leistung, Komfort und Dosierbarkeit sicherlich die beste Lösung dar. Das Gas aus den Vorratsflaschen gelangt hierbei über einen CO$_2$-Reaktor in das Aquarium.

Flüssigdünger

Aquarienpflanzen benötigen zum Wachsen und Gedeihen Nährstoffe, die sie aus dem Bodengrund und über das Aquarienwasser beziehen. Deshalb ist es notwendig, nach jedem Wasserwechsel einen Flüssigdünger zu verwenden. Die gelösten Nährelemente werden über die submersen Blätter aufgenommen und z.T. in der Pflanze weitertransportiert. Bei einer Bepflanzung mit langsam wachsenden und pflegeleichten Arten wie Javafarn, Anubias, Cryptocoryne oder einfach zu kultivierenden Stängelpflanzen wie Hygrophila polysperma und einem höheren Fischbesatz ist eine Systemdüngung zu empfehlen.

Das Dennerle Düngesystem besteht aus einer Basisdüngung und einer Ergänzungsdüngung. Mit den Basisdüngern E15 FerActiv Eisendünger und V30 Complete Spezialdünger werden diejenigen Nährstoffe zugeführt, die auf Vorrat gedüngt werden können. Die Ergänzungsdüngung mit S7 VitaMix liefert diejenigen Nährstoffe, die schnell verbraucht werden und nicht auf Vorrat gedüngt werden können. S7 VitaMix wird deshalb wöchentlich verwendet. Nitrat und Phosphat sind im V30 Spezialdünger nicht enthalten, da diese Nährstoffe normalerweise im Überfluss durch die Fütterung der Fische vorhanden sind.
Für Aquascaping-Aquarien mit schnellwachsenden und pflegeintensiven Pflanzen unter Starklicht und bei gleichzeitigen hohen CO_2-Gaben ist ein Hochleistungsdünger notwendig. Hier wird in der Regel ein wöchentlicher Wasserwechsel zwischen 30 % und 50 % vorgenommen. Ein weiteres Kriterium ist der geringe Fischbesatz, oft werden nur Garnelen oder Schnecken als Algenvertilger eingesetzt.
Scaper's Green zeichnet sich besonders durch seine hohe Nährstoffkonzentration und die kurzfristige Nährstoffverfügbarkeit aus.
Die Nährstoffverhältnisse wurden so gewählt, dass alle Spurennährstoffe im etwa gleichen Verhältnis von den Pflanzen aufgenommen werden. Das heißt, auch bei längerfristiger, regelmäßiger Anwendung kann es nicht zu nachteiligen Anreicherungen einzelner Nährstoffe kommen.
NPK-Booster ist ein Makrodünger für besonders stark nährstoffzehrende Pflanzen bei gleichzeitigem geringem Fischbesatz. Die hochaktiven Wirkstoffe sind sofort verfügbar, und die Pflanzen zeigen enorme Wuchskraft und sattgrüne Blätter. Farbige Pflanzen wie Alternanthera oder Ludwigia zeigen intensive Rot- und Brauntöne.

Algenarten

Blaualgen:
Die häufig vorkommenden Blaualgen gehören zu den ursprünglichsten Algen und sind durch den fehlenden Zellkern sogar noch eher den Bakterien zuzuordnen. Sie überziehen sehr schnell Steine und Wurzeln mit einer grünlich-bläulichen Schicht. Bei einem Befall mit Blaualgen hilft eine konsequente Dunkelperiode von 5–6 Tagen mit anschließenden 50 %igen Wasserwechsel an drei aufeinander folgenden Tagen gut. Blaualgen scheiden durch ihren Stoffwechsel Giftstoffe aus, deshalb ist der großzügige Wasserwechsel so wichtig.

Grünalgen:
Grünalgen sind vom Stoffwechsel und Aufbau am ehesten mit den höheren Pflanzen zu vergleichen. Kleine grüne Punkte auf Scheiben und Blättern langsam wachsender Pflanzen wie Anubias sind beispielsweise Grünalgen, aber auch solche mit langen, fädigen Strukturen oder Polster bildende Algen gehören zu dieser Gruppe. Kurioserweise ist eine Grünalgenart sogar sehr beliebt – nämlich die kugelförmigen Gebilde der Aegagrophila linnaei. Diese werden im Handel oft fälschlicherweise als Moosbälle angeboten.

Rotalgen:
Zu den Rotalgen zählen zwei besonders ungeliebte Vertreter, die aber auch mit den aufgeführten Maßnahmen reduziert werden können. Bart- und Pinselalgen bevorzugen wenig Kohlendioxid und wachsen gerne an Stellen mit stärkerer Strömung. Bei einer guten CO_2-Versorgung lagern Rotalgen weniger Kalk ein (biogene Entkalkung), was sie dann schmackhafter für die Algenfresser macht.

Kieselalgen:
Kieselalgen überziehen Steine, Wurzeln und anderes Dekomaterial mit einem bräunlichen Belag. Stark wachsende Pflanzen und Raspelmäuler wie Schnecken und Otocinclus-Welse reduzieren Kieselalgen wirkungsvoll. Meist erscheinen diese Algen in der Einfahrphase und verschwinden nach einigen Wochen wieder von selbst.

Algen gelten den meisten Menschen als unschön oder sogar hässlich. Dennoch gibt es in der Natur Habitate mit interessanten Algenbildungen. Einige Arten wie die Armleuchteralgen sind sogar filigran und besonders dekorativ aufgebaut. Nicht immer ist eine Algenbildung ein Zeichen von Umweltverschmutzung, sondern deutet auf einen natürlichen Konkurrenzkampf im Standort Wasser hin.

Lebenselement Wasser

Die meisten Aquarienfische und -pflanzen haben ihre ursprüngliche Heimat in den Tropen und Subtropen. Dort leben sie meist in schadstoffarmem, weichem, CO_2-haltigem Wasser mit optimaler Nährstoff- und Spurenelemente-Versorgung.

Diesen Lebensraum müssen wir versuchen so gut wie möglich nachzustellen. Gute Wasserverhältnisse im Aquarium sind nicht nur die Basis für gesunde und farbenprächtige Fische und Pflanzen, sondern sorgen auch für einen klaren Blick in die eindrucksvolle Unterwasserwelt. Karbonathärte, pH-Wert und CO_2-Gehalt sind drei wichtige Parameter für ein gut funktionierendes Aquarium mit Pflanzen und Fischen. Zu hartes Wasser kann man mit einer Umkehrosmoseanlage enthärten. Der pH-Wert lässt sich durch die Zugabe von CO_2 einstellen. Bei zu weichem Wasser kann die Wasserhärte (Gesamt- und Karbonathärte) mit hochwertigen Mineralsalzen erhöht werden. Ein Wasserwert mit besonderer Bedeutung ist die Karbonathärte. Sie bildet das entscheidende Puffersystem in unserem Aquarium. Sie verhindert zu starke Schwankungen des pH-Wertes, auf die Fische und Pflanzen empfindlich reagieren. Folgende Wasserwerte sollte man anstreben: 4–6 °dKH (Grad deutscher Härte), 6,5–6,9 pH-Wert 20–30 mg/l CO_2. Diese Angaben sind Richtwerte für die meisten Aquarienfische und Aquarienpflanzen. Abweichungen nach oben oder unten sind natürlich möglich, da es in der Tier- und Pflanzenwelt auch Spezialisten mit besonderen Ansprüchen an die Wasserverhältnisse gibt.

Der Autor

Stefan Hummel ist schon seit seiner Kindheit ein Naturliebhaber und „Pflanzenfreak". Kakteen, Sukkulenten und viele tropische Zimmerpflanzen haben den gelernten Gärtnermeister schon früh begeistert und in ihren Bann gezogen. Seit 1994 leitet er die Gewächshäuser bei Dennerle, eine der größten Wasserpflanzengärtnereien Europas. Sein Arbeitsschwerpunkt ist die Entwicklung und die Entdeckung neuer Pflanzen in aller Welt sowie die Gestaltung wunderschöner naturnaher Unterwasserlandschaften. Neben der großen Liebe zu den Wasserpflanzen ist der Autor auch noch begeisterter Mineraliensammler, frei nach dem Motto – Natur erleben.

Der Autor

Chris Lukhaup, ursprünglich Rockmusiker von Beruf, arbeitet mittlerweile für die Heimtierbranche und hat sich fast gänzlich der Aquaristik verschrieben. Auf der Suche nach neuen und seltenen Arten hat er bereits mehr als 30 Forschungsreisen unternommen, unter anderem nach Australien, Singapur, Hong Kong, Malaysia, Mexico, Kuba, Panama, Argentinien, Chile, Borneo, Indonesien und in die USA. Seine Publikationen erscheinen regelmäßig in mehr als 20 Magazinen und Zeitungen im In- und Ausland. Chris Lukhaup ist Mitglied in verschiedenen wissenschaftlichen Organisationen, hält Vorträge, organisiert internationale Meetings und arbeitet weltweit mit Museen und Universitäten zusammen. Auf ihren gemeinsamen Reisen besuchen Chris Lukhaup und der Plantahunter Stefan Hummel beliebte und aussergewöhnliche Wasserpflanzen an ihren Standorten auf der ganzen Welt.

Editorial

Redaktion: Chris Lukhaup & Stefan Hummel
Chris Lukhaup: craykeeper@gmx.de
Stefan Hummel: s.hummel@dennerle.de

Lektorat: Ulrike Bauer, info@englisch-werkstatt.de, www.englisch-werkstatt.de

Art Director and Editorial Design: René Türckheim, Gnesener Straße 17, 85276 Pfaffenhofen, mail@renetuerckheim.info, www.renetuerckheim.info, Telefon (Mobil) 0179 2313943

Mit freundicher Unterstützung:
Sponsor Fische und Wirbellose: Aquarium Dietzenbach GmbH, von Hevesystraße 1a, 63128 Dietzenbach, Telefon 06074 28281, Fax 06074 41305 www.aquarium-dietzenbach.de
Sponsor Hardscape: Andreas Meyer/aquadeco, Kapuzinerplatz 5, 80337 München, Telefon 089 5438730, Fax 089 51399867, www.aquadeco.com

Veröffentlichung und Vertrieb: Dennerle GmbH, 66957 Vinningen Germany
Copyright of Content 2013 Dennerle GmbH, ISBN 9783943968088
2. Auflage, Ersterscheinungsjahr 2013

Druck: sdv – Saarländische Druckerei und Verlag GmbH, Werner-von-Siemens-Straße 31, 66793 Saarwellingen, www.sdv-saar.de

Copyright 2013 of Art and Editorial Design by René Türckheim

Das gesamte Werk ist urheberrechtlich geschützt. Jede Verwertung außerhalb der Grenzen des Urheberrechtsgesetzes ist ohne Zustimmung der Autoren/Urheber unzulässig und straf-bar. Das gilt insbesondere für Vervielfältigungen, Mikroverfilmung, die Einspeicherung und Verarbeitung in elektronischen Systemen sowie für Übersetzungen. Alle Angaben in diesem Buch sind sorgfältig geprüft und geben den neuesten Wissensstand wieder. Eine Garantie kann dennoch nicht übernommen werden. Eine Haftung der Verfasser oder des Herausgebers für Personen-, Sach- oder Vermögensschäden ist ausgeschlossen.

Hergestellt und gedruckt in Deutschland auf umweltfreundlichem FSC Papier